JN236769

仕事ができて、
なぜか運もいい人の習慣

有川真由美

PHP

まえがき

◎あなたは仕事に向いている！

この本を開いてくれたあなたに、すごい秘密をお伝えしましょう。

じつは、人はみんな仕事に向いているし、みんな幸運に愛されることが可能なのです。

仕事をすることで、自分の目標を実現させることも可能だし、チャンスやご縁も仕事が運んできてくれて、最大限に世界を広げることができます。

それなのに、自分の仕事を「お給料をもらうため」という目的でとらえてしまったら、こんなに損なことはありません。私には「能力がない」から仕事も私生活もほどほどでいいという考えも、もったいなさすぎます。

私がこれまで数多くの働く女性と会ってきて、つくづく感じること。

それは、仕事ができる人、仕事のできない人に、「能力の差はほとんどない」ということです。

でも世間には、同じくらいの能力なのに、一方ではいつも定時に仕事を終わらせていて、しかもみんなから愛され、成果も上げている人がいるかと思えば、毎日遅くまで残業をして、しかも人間関係はギクシャク、成果も上がらずにストレスで限界寸前という人もいます。

この2人は、なにがちがうのでしょう？

それは、「ちょっとした習慣」のちがいだけなのです。

口ぐせ、行動、話し方、仕事の段取り、人との接し方、断り方、目標設定、時間管理……。

同じことをやるにも、みんなとちょっとだけちがう。ちょっとではあるけれど、プラスに作用する習慣が積み重なると、スパイラル（らせん）のように仕事も人間関係も、うまく上昇するようになる。仕事ができて運のいい人は、この習慣を身につけているのです。

反対に、マイナスに作用する習慣を身につけてしまった人もいます。残念ながらそれが積み重なると、本人の自覚もないのにうまくいかないスパイラルに入り込んでしまい、なかなか抜け出せません。「ちょっとしたこと」が重なると、その差は「大きい」のです。

ここでもう一つ、すごい秘密があります。

会社でも学校でも家庭でも、あなたに「ちょっとした習慣」を、教えてくれる人はほとんどいない、という現実です。上司にしろ、先輩にしろ、親にしろ、あなたに教えてあげる余裕のある人は今の世の中にほとんどいません。

だからこそ、私はこの本の中で、仕事がうまくいき、人から愛され、幸運を引き寄せていった人の「ちょっとした習慣」を、徹底的に洗い出して収録したいと思ったのです。

もちろん、すぐにすべてを実践しようと、がんばることはありません。

目に付いたページを読んで、「これはやってみようかな」とピン！ときたものを、仕事や生活に、どんどん取り入れていってください。

行動を変えていくことで、あなた自身が驚くほど快適になり、日常のあちこちで、いいことが起こりやすくなったり、周りの人が好意的になったりするようになることを保証します。

さぁ、人生が好転する覚悟はいいですか。

あなたの願いや努力が、大いに成就するためのレッスンを始めましょう。

有川　真由美

◎仕事ができて、なぜか運もいい人の習慣……目次

Contents

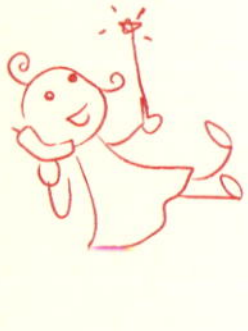

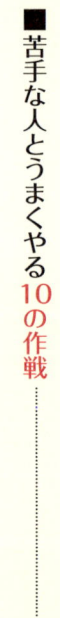

Contents

第4章 残業しなくても結果を出す……118

Contents

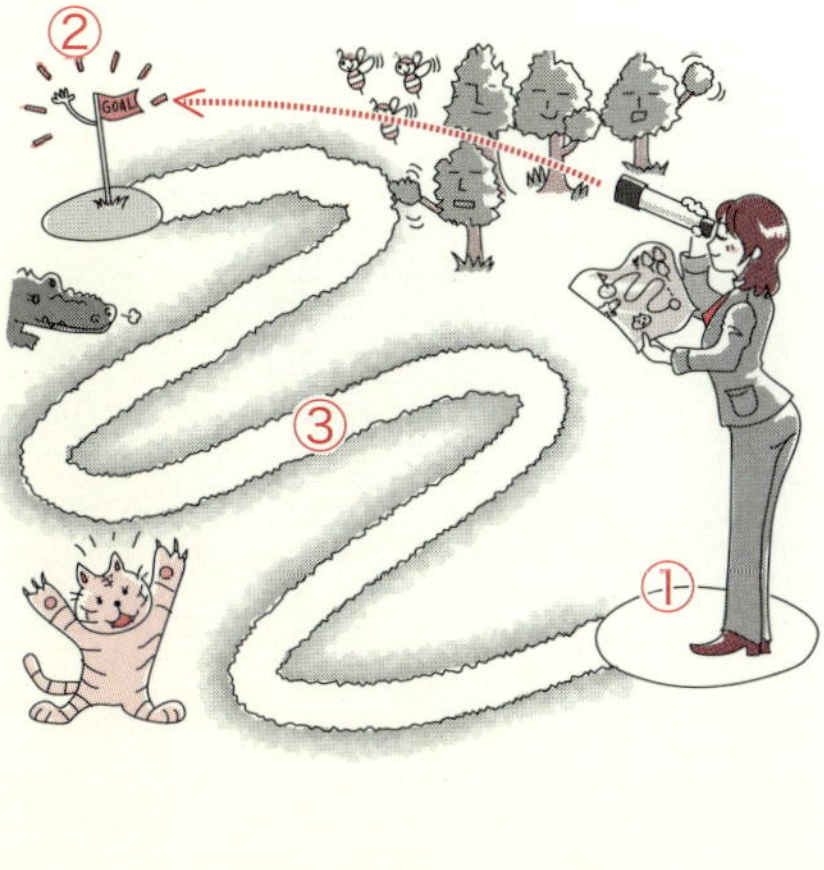

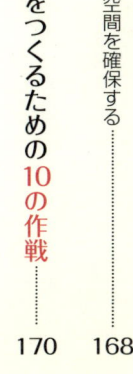

幸運を引き寄せるには、自分の心の奥に潜む「〜したい」「〜になりたい」という欲求を知ることが大切です。

自分の欲求がわからない、未来を描けないという人に、残念ながら「望む未来」はありません。でも、その情景を描けたら、その時点で半分、「望む未来」に近づいています。

この欲求の網**「チャンス・ネット」をしかけておくと、やりたいことがあっさり叶うようになります。**欲しい情報やモノ、人、チャンスが絶妙のタイミングで、引っ掛かってくるのです。本当に、面白いように。

「こうなりたい」というイメージが具体的であればあるほど、運は味方をしてくれます。

志が高ければ高いほど、運はあなたを引き上げてくれます。

さぁ、自分の心の奥に聞いてみて。

「本当のところ、どうしたいの？」

第1章

大きな変化を起こす、ちょっとした習慣

「そんなの無理……」とか「いまの私の状況では、これぐらいかなぁ」なんて、心をブロックする余計なことは一切考えず、ワクワクしながら「こうなったらうれしいな」ということを、自由に書き出してください。

大丈夫。人は、実現可能なことしか想像しないようにできているんですから。

そして、「これはいける!」と自分と世の中を100%信じることができたら、その想像は、すべてあなたのもの。その一点に向かって、現実は動き出すのです。

01

「3年後の幸せなあなた」を思い浮かべる
——すべての目標が実現しはじめる法則

3年後、どんな「あなた」でいたいですか？

どんなことをしていたいですか？

実現可能か？　難しいんじゃないか？という心配は不要。「こんな状態になったら幸せ！」という情景を、「〜している私」「〜になっている私」という**現在進行形で思いつくままに書いてください**（絵を描くようにリアルで具体的に）。

例

「ネイリストの資格をとって、オシャレなサロンを開いている私」「○○社に正社員として採用されて、全国ナンバー1の営業成績で表彰されている私」など。

ちなみに私は、本を書くことになったとき、「○○書店のベストセラーコーナーで、私の書いた本を熱心に立ち読みしている女性。と、それを陰から見守っている私」の情景を毎日、想像していました。

まったく同じ現実は起きたのです。そして、

◇仕事ができて、強運になる習慣◇

1日1回、「ひとりミーティング」をする。

「自分」を幸せにしたいと思うなら、「ひとりミーティング」で素直な気持ちを知ろう。

「ひとりミーティング」にいちばんいい時間は、寝る前10分間。ここで考えたことは、睡眠とともに心の奥深く、「無意識」のなかに入っていきます。人の行動をコントロールしているのは、意識が3％無意識が97％ともいわれます。この97％を味方につければ最強。いろいろな目標が実現し始めます。

@「ひとりミーティング・3つの質問」

① **「いま、どんな気持ち？」** → 自分の正直な気持ちを理解する

② **「いま、なにが欲しい？」** → 自分がよろこぶものを与える約束をする

③ **「これから、どうなっていきたい？」** → なりたい情景を思い描いてインプットする

3年後の幸せな私

1 仕事でどんなことになっている？（情景をいくつでも書いて）

2 どんな住まいで暮らしている？

3 家族、友だち、恋人（または配偶者）とどんな付き合いをしている？

4 休日やアフター5は、どんなふうに過ごしている？

5 どれぐらいの収入があって、どんなふうに使っている？

6 そのとき関心をもっていること、考えていることは？

※1の「仕事でどんなことになっている？」は、スケジュール帳など目に付くところに書いて、1日1回は見るようにしましょう。その情景を心の奥に「私、そうなるんだよね」とインプットして。

02

どんな仕事も自分を成長させると思おう

——楽しむ気持ちの余裕があれば必ず成長する

「あ～あ、こんな仕事、つまんない……」

なんて、ため息をついてはいませんか？

でも、仕事をつまらなくさせているのは、仕事の内容ではなく、仕事に対する、その気持ち。どんな仕事にだって、楽しめる要素は含まれていて、楽しくしちゃえるのですよ。

たとえば、料理をつくるとき。

「さぁ、今日もおしいものを作るわよぉ～」

という積極的な気持ちで取り組むと、料理の時間は楽しいものになり、おいしいものを食べられて幸せ。おまけに料理は上達して、さらに楽しくなる……というハッピースパイラル。反対に、

「あ～あ、毎日ご飯作んなきゃいけないなんて、めんどくさ～い！　いやだなぁ」

なんて思っていたら、料理をする時間は苦痛以外のなにものでもありません。おいしい料理は食べられないし、いつまでたっても料理は下手だし、どんどん作りたくなくなる……というアンハッピーなスパイラル。

下手なら下手なりに「少しずつでも上手になってやろう」という気持ちがあれば、日々、必ず進歩して、おもしろくなっていきます。

つまり、楽しめるか楽しめないかは「攻め」の体勢なのか、「逃げ」の体勢なのかの問題。どうせやらなきゃいけないんだったら、逃げてないで、積極的に楽しんだほうがいい。

まずは、どんな仕事も、どーんと歓迎して、楽しんでみませんか？

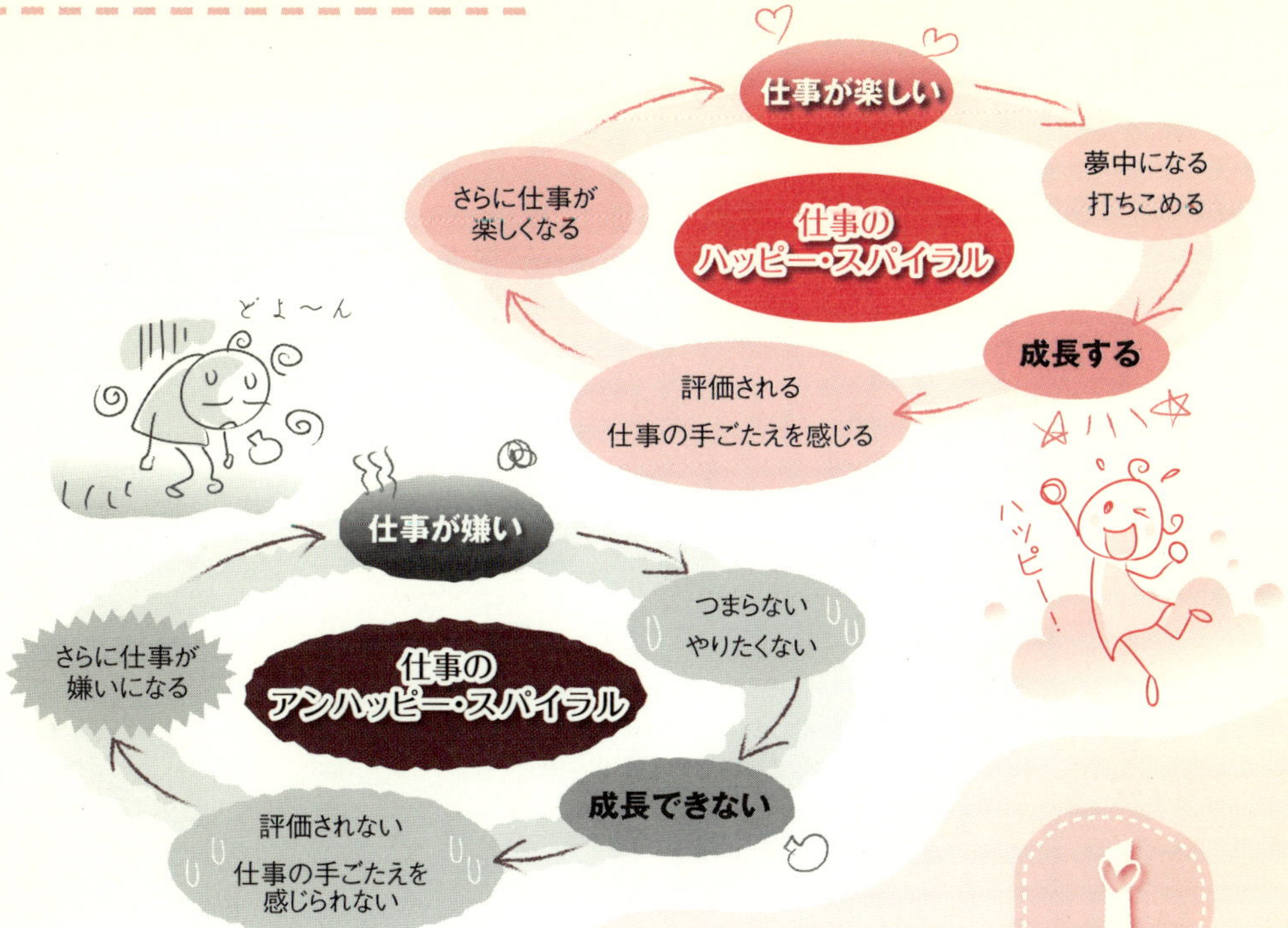

毎日の「つまらない仕事」を「楽しい仕事」に変えてしまう仕掛け

1 毎日「最善のデキ」になるように取り組む

例● 報告書を書くときは、文句を言われない程度にするのではなく、「どうやれば見やすくなるのか」「もっとシンプルな書式は作れないか」「こんな点も報告したらいいのでは」と日々「最善のデキ」を目指すと、仕事はがぜん、面白くなってきます。

2 時間に挑戦する

例● 「資料作りを30分で済ませてしまおう！」「15分以内で1日分のメールに返信しよう」など、時間に挑戦する気持ちで取り組んでみて。生産性はぐんと上がり、能力もアップしてきます。

3 小さな目標をつくって記録していく

例● 毎日の掃除で「今日はトイレの洗面台をきれいにしよう」などと目標をつくり、できたらカレンダーに○印を、入力作業なら入力できた数を「××件」などと書く。この記録が励みに。

4 気を抜く時間と考える

例● 毎日やっている仕事は、あまり考えなくてもできるようになります。いつもの動作をしているときは、心のなかで鼻歌でも歌ってリラックスして。「ゆるみ」と「緊張」のメリハリで、集中力は高まります。ただし、ミスの原因になるような気の「抜きすぎ」には要注意。

2 「嫌い」⇒「苦手」「不得意」と思う

●「嫌い」という概念をなくすと、気持ちの摩擦がやわらぐ。

「嫌い」という気持ちは、人や物事を拒否し、自分の気持ちまでむしばんでしまいます。

「嫌い」と思っている限り、関係はゼッタイによくなりません。気持ちをマイナスにする「嫌い」要因は少なくして、プラスにする「好き」要因はさらに大きくしていきましょう。

例

仕事
「嫌いな仕事」⇒**「あまり得意でない仕事」**と考える

人間関係
「嫌いな上司」⇒**「ちょっと苦手な上司」**と思う

さらに……
「好きな人」⇒**「大好きな人」**にしてしまう

3 簡単な仕事、小さな仕事を丁寧にしてみる

●小さな仕事を大切にする人に信頼は集まる。

「あたりまえのこと」を大事にしましょう。電話の受け応えは、声の明るさ、敬語の使い方など、人によって差が出ます。お茶の出し方でも「きみの入れたお茶はおいしい！」と感動させることができます。掃除がしっかりできる人は、一目置かれます。どんな小さな仕事でも適当にしないで、丁寧にしてみましょう。

4 とりあえず動いてみる

●動いているとモチベーションが上がり、運が集まってくる。

朝はだるいな〜と思っていても、仕事をしているうちに「いつの間にか元気になった！」という経験はだれでもあるでしょう。「元気だから動く」のではなく「動いているうちに元気になる」のです。動いていると、ヒントになる情報、手助けしてくれる人が集まってきます。思い出したら即連絡、気になったらすぐに調べる、会いたい人にはすぐに面談を申し込む……など、思い立ったら即行動！

5 気が進まない仕事から、やり始める

●どんな仕事からも逃げない姿勢が、幸運を導く

苦手な仕事、大きな課題などは、どうせやらなきゃいけないんだったら、さっさと片づけちゃいましょう。その仕事が終わるとホッと一安心。他の仕事も余裕の気持ちで取り組めます。

反対に先延ばしにしていたら、ずっと気がかり。ストレスを抱えることになっちゃいますよ。

03

ベストな仕事を見つける最強ツール
——どんな仕事に向いているか、わからない人へ

「好きなことを仕事にしたほうがいい」と言われます。もちろん、好きなことをするほうが気分よく働けるし、能力も発揮しやすいでしょう。

でも、最初は「そんなに好きじゃない」と思っていても、働いているうちに夢中になってくることは、よくあるもの。「好き」の種を見つけて、育てていけばいいのです。

最初から大好きな仕事をするのか、やっている仕事をどんどん好きになっていくか、どちらか。

これは恋愛にも似ています。

ただ、恋愛とちがうところは、仕事はお金をもらっている「商売」だということ。

仕事は、自分という商材を使って、会社や顧客を相手に、報酬を得るビジネス。相手から求められる存在でなければ、商売は成り立ちません。

自分の「好き」という気持ちも大事ですが、**「評価される」方向に行くのもひとつの方法。評価される仕事であれば、大抵の場合、好きになるものです。**「好き」と「評価される」が一緒になったら最強。大きな力を発揮できます。

「自分はなにをやりたいのか・なにができるのか」
「それを求めてくれる場所はどこにあるのか」
「それは自分のためでも社会のためでもあることなのか」

とことん考えてみましょう。

すぐには答えがでなくてもOK。あれこれ行動しながら考え続けることで、いつかひょっこり答えが出る瞬間がありますから。

人には使命感をもってできる仕事と輝ける場所が必ずあるのです。

＜自分のベストな仕事「天職」を見つけるための7つの質問＞

1 あなたがいちばん、ワクワクすることは？

2 夢中になってやれることは？

3 あなたの子どものころの夢は？

4 あなたが仕事でほめられたのは、どんなとき？

5 仕事をしていて、うれしかったことは？

6 自分という商品で商売をしていると考えてください。あなたの強みは？

例● 秘書検定2級、英会話力（TOEIC 850点）、コミュニケーション力、明るさ、パソコン（ワード・エクセル・パワーポイント）、秘書3年の実績など

7 1〜6は、次のようなことを知るための質問。

1……好奇心・関心があること
2……楽しめること・集中できること
3……あこがれ・本質的な欲求
4……評価されていること
5……充実感をもつこと
6……「強み」の棚卸（たなおろし）

1〜6から、できそうな仕事をいくつでも挙げて。
（実績がなくても具体的でなくてもOK）

例● 人と接する仕事、英語を使う仕事、接客業、秘書、企画、コンサルタント、教師など

このなかで、あなたが「ぜひやってみたい！」と思うもの3つを○で囲んでください。それが、あなたの天職になる可能性あり、です。

04

プラスの言葉は、言葉どおりの現実を運んでくる

——言霊の力を信じて、プラスの言葉を使おう

太古の昔から言われている「言霊《ことだま》」って知っていますか？

1 「ない」を「ある」に（否定形 ⇒ 肯定形）

- ●「もう１時間しかない」 ⇒ ●**「まだ１時間もある」**
- ●「私にはできない」 ⇒ ●**「時間をかけたらできる」**
- ●「うそ！」 ⇒ ●**「ほんと？」**

2 語尾を変える（きつい印象 ⇒ やわらかい印象）

【義務感→自分の意思】

- ●「急がなくては」「急がなきゃ」 ⇒ ●**「よし、急ごう」**

【するべき→したほうがいい・こしたことはない】

- ●「もっと注意するべき」 ⇒ ●**「もっと注意したほうがいい」** ●**「注意するにこしたことはない」**

【命令形→疑問形】

- ●「電話して」 ⇒ ●**「電話してもらえる？」** ●**「電話していただけますか？」**

言霊《ことだま》とは、言葉に宿る、不思議な力のこと。なにも霊的なことではなく、とても現実的なこと。言葉には、よくも悪くも人の気持ちをコントロールする力があるのです。

マラソンの高橋尚子選手を指導していた小出監督は「Qちゃん、おまえは一番になれる。絶対になれる。世界一になれる」と、毎日のように言い続けたといいます。そして、高橋選手はシドニーオリンピックで金メダルを取りました。

もし、「日本一になれる」だったら、日本一で終わっていたかもしれませんし、「お前はホントにダメだなー」なんて言われたら、本当にダメな選手になってしまったでしょう。

「言葉に発したとたん、いきなり現実味を帯びてきた」ということは、だれだってあるはず。「○

マイナスワードをプラスに変える
「ものは言いよう」で物事は好転する

言い方ひとつで周りの空気も変わってきます。プラスの言葉を使うだけで、気持ちも前向きに。

3 プラス単語で締めくくる
（ネガティブ表現 ⇒ ポジティブ表現）

- 「最近、充実しているけれど忙しい」⇒ **「最近、忙しいけれど充実している」**
- 「やってみますが、難しい」⇒ **「難しいですが、やってみます」**

4 特質を説明するときはプラス表現を使う
（プラスの側面にフォーカスする）

- 「うちの職場は狭苦しい」⇒ **「うちの職場はアットホーム」**
- 「上司はいい加減な人」⇒ **「上司は大らかな人」**

5 言葉をつなげるときは逆接でなく肯定形で
（否定しない）

- 「でも、私はそうじゃないと思う」⇒ **「なるほど。こんな考えもあります」**
- 「ていうか、……」⇒ **「そうですね。それに加えて……はどうですか」**

○を習おうと思うの」と周りに宣言したとたん、行動するようになったり、「Aさんのこと好きみたい……」と友だちに話したら、Aさんをますます意識し始めたり。

怖いことに、ネガティブな言葉は、悪い現実も引き寄せてしまいます。

料理を「おいしくなーい」と言ったら、いきなり食欲がなくなったり。「疲れた〜」が口癖だったら、本人が疲れるだけでなく、まわりの人までぐったりさせてしまいますね。

言葉は、言葉どおりの現実を運んでくるのです。

いい言葉は幸運を、よくない言葉は、残念ながら不運を。

だから、プラスの言葉を選んで使いましょう。

「幸せになるぞー！」なんて力まなくてもいい言葉を使っているだけで、自然に「幸せな人」になってくるのですから、ね。

05

運気を上げる言葉を口グセにする
――運気を下げるマイナスの言葉は使わない

「プラスの言葉はどんどん使って、マイナスの言葉は使わない」が基本。運気を上げるプラスの言葉は口癖のように使って、強運になっちゃいましょう。

1

3D
「でも」「だって」「どうせ」
は禁句！

「でも、私は聞いてないもん」
「だって、忙しいんだもの」
「どうせ、私は頭ワルイです」

自分を正当化したり卑下したりしちゃダメ。投げやりになっても、自分にも周りにも脱力感が漂います。素直な気持ちに戻って、かわりに「そうですね」「なるほど」「わかります」と答えてみましょう。きっと、周りの人はあなたを温かく受け入れてくれます。

≪運気を上げる言葉≫

- 「ありがとう」 ●「おかげさまで」
- 「お互いさま」 ●「よろこんで」
- 「大丈夫」 ●「いける！」
- 「できます」 ●「カンタン」
- 「ツイてる！」「運がいい」「ラッキー」
- 「楽しい！」 ●「しあわせ〜」
- 「最高」 ●「すてき」
- 「お先にどうぞ」
- 「ちょうどよかった！」
- 「いいことがありそう！」
- 「すごい！」「うれしい」「楽しい」

などプラスの言葉と、

- 人やさまざまな現実に感謝する言葉
- 人をほめる言葉

要注意 こんなマイナスの表現も、運気を下げてしまう！

2 「～すればよかった」過去の後悔とはさよなら！

後悔を口にすることは、いまの自分を否定すること。

「～すればよかった」と言っても、どうにかなるわけではありません。過去のすべての出来事があって、「現在の自分」はあるのです。
「あんなことがあるから、いまの自分がある」と肯定しましょう。

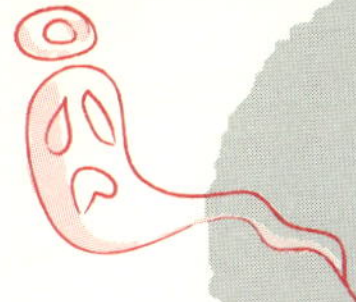

3 「もし～だったら、どうしよう」未来の心配にも決別

ありもしないことを考えるのは「妄想」に近い。

「もし～だったら……」とありもしないことを仮定して、あれこれ考えるのは無駄。自分で自分の不安をあおるだけです。心配であれば、対策を打てばいいこと。
「なるようになるさ」と、やってくる未来を歓迎しましょう。

≪運気を下げる言葉≫

- ●「忙しい」 ●「疲れた」
- ●「ツイてない」「運がない」
- ●「できません」 ●「難しい」
- ●「ダメ」 ●「最悪」「最低」
- ●「許せない」 ●「お金がない」
- ●「別に……」 ●「困った」「困る」
- ●「タイヘン」「難しい」
- ●「どうでもいい」
- ●「損した」 ●「イライラする」
- ●「気持ち悪い」「面白くない」「つまらない」

などマイナスの言葉と、

- ●不平不満、悪口、ダラダラした愚痴
- ●人を非難したり責めたり傷つけたりする言葉

06

「ありがとう」にツキは集まる
――「感謝上手」は「幸せ上手」

「ありがとう」は、私たちを幸せにしてくれる魔法の言葉です。

「ありがとう」と「幸せ」は、リンクしているのです。

「うれしい！」「やった！」「おいしい」など自分を喜ばせてくれるものには、すべて「ありがとう」と、感謝の気持ちでつぶやきましょう。

あたりまえだと思っていたことにも、感謝することができます。

「今日も仕事ができて、ありがとう」

「今日も一日、健康で無事に過ごせて、ありがとう」

「この街で暮らせて、ありがとう」

「ありがたいこと」には「有り・難い、こと」。有りそうもない、奇跡的にすばらしいこと、という意味が込められています。

だから、「ありがとう」と唱えるだけで、**「うれしいこと」はさらにうれしく、「あたりまえ」のことも幸せなことに、一見「つらいこと」だって、自分を成長させてくれる意味のあることに**変わってくるのです。

どんなカードを配られても、すべてパタパタといいカードに変えていくように、「ありがとう」は、私たちをハッピーにしてくれます。

どんな現実も味方にする魔法をかけてくれるのです。

使いすぎるということはないので、出し惜しみなく使って、ツキも幸せも、引き寄せちゃいましょう。

◇仕事ができて、強運になる習慣◇

6 一日の感謝をスケジュール帳、またはカレンダーに記入する

●「ありがとう」の積み重ねは「幸せ」の積み重ね。

その日のなかで、いちばんの「ありがとう」を、ちょこっとメモしておきましょう。「書かなきゃ」と無理することはありませんよ。思いついたときだけ書く。「感謝」のコーナーを日割りスケジュールの片隅につくっておくと、たくさんの「幸せな自分」を発見できるはず。

7 周りの人に最大限に感謝する

●「ありがとう」は人間関係の潤滑油。

なにかしてもらったら「そんなことしてくれなくても」ではなくて「ありがとうございます」、ほめられたときも「そんなことないわ～」ではなくて、胸を張って「ありがとう」。人の好意を感謝して受け取ることで、相手は「感謝されるべき、すばらしい人」として、あなたに接するようになります。

8 どんなことでも「ありがとう」とつぶやく

●いつだって、幸せになれる！

幸せになるのはカンタン。有難いことと、感謝するだけです。どんな状況でも、感謝の種は転がっています。また、不幸になるのもカンタンです。いまの状況に感謝できず、「最悪なこと」としてとらえると、すぐに不幸に。幸せかどうかは、「どんな状況か」ではなく「心のあり方」です。

07

「ありがとう」はどんなときに使う？

——気持ちを浄化する使い方

1

うれしいことを、さらに実感したいとき

「ありがとう。私ってツイてる！」

2

心穏やかに幸せを実感したいとき

「ここに生きていて、ありがとう」

3

仕事でイライラしてしまうとき・つまずいたとき

「仕事ができるチャンスをありがとう」

4

行動する勇気が欲しいとき・心配してしまうとき

「うまくいってありがとう」

（すでにうまくいった状態をイメージして）

5

よくないことが起きたとき・後悔してしまいそうなとき

「成長する機会をありがとう」

6

人に非難されたり傷つけられたりしたとき

「教えていただき、ありがとうございます」

（思っていなくても口に出して伝えて）

あなたがこれまでの人生で、「ありがとう！」と感謝したいことを10項目、あげてください。

1

2

3

4

5

6

7

8

9

10

ね、なかなか、幸せな人生だと思えてきませんか？
「ありがとう」は、幸せにつながっているのを実感できるはず。
「ありがとう」は気持ちを浄化させてくれる働きがあるのです。

08

時間を味方につけ、チャンスを逃さない考え方

――できる人は時間の余裕をもっている

ほとんどの人が、いつも忙しくて、時間に追われている状況ではないかと思います。

でも、残念ながら、そのようなセカセカした状態では、気持ちに余裕がなくて、目の前のことにも集中できないし、いいことやチャンスがやってきても、気づかないうちに通り過ぎてしまいます。

「チャンスの神様には前髪しかない」という言葉、聞いたことありませんか？

やってきたときに、パッと手を伸ばさなきゃ、つかまえられない。後ろの頭はツルツルしているので、通り過ぎたときには、すでに遅いのです。

穏やかな心で、「いま」「目の前のこと」を楽しんで、準備万端にして待っていることです。

そのために大事なのは、時間の余裕をもつこと。

人は「時間」に振り回されてコントロールされてしまうか、それとも、**逆に、こちらでコントロールしてしまうか、**どちらか。与えられた課題をこなそうと「受け身」の姿勢で取り組んでいると、あれよあれよと時間に振り回されることに。

どうせなら「攻め」の姿勢で、こっちがコントロールしちゃいましょう。

そんなに難しいことじゃないはず。時間は1日24時間。一生、変わりません。生きているすべての人に「一日」はフェアに与えられています。

そんな正直でやさしい「時間」を味方につけて、仲良くしていけばいいのです。

「時間はキビシイ」「時間は冷酷」ではないのですよ。

◇仕事ができて、強運になる習慣◇

9 待ち合わせは10分前に着く

●時間の余裕が幸運を招く。

余裕の気持ちで相手を待つのは気分がいいものです。「ちょっとお化粧直ししようかしら」「面談の資料を読んでおこう」と心構えもできます。反対に、ギリギリだったり遅れたりすると、気持ちが焦ってさらなる不運を招くことに。「こんなときに限って、どうしてこんなことが……」とならないよう、待ち合わせだけでなく、すべてに時間の余裕をもって。

10 「忙しい」は禁句にする

●「忙しい」ということは、時間に負けているということ。

口に出した言葉は、その状態を決定づけます。「忙」という字は「心」を「亡くす」という意味。いっぱいいっぱいの「心ここにあらず」状態で、いまを楽しめないのは残念なこと。時間に余裕をもたせる工夫をしてみましょう。時間に「勝つ」のではなく、「仲良く」付き合っていくことが大切です。

11 いますぐにできないことは「放置」する

●時間が経つと状況は変わる。

すぐに解決できないこと、どうしようもないことは放置して執着しないこと。周りの状況も、自分の気持ちも変わってきます。ふとした瞬間に「そうだ!」といい解決方法やアイデアが浮かんだり、悩んでいたことが、いつの間にか解決したり、自然に悩みを忘れてしまったりすることも。「時間」のやさしい特質を利用させてもらいましょう。

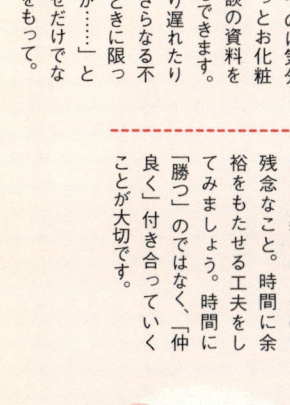

09

ネガティブな感情は積極的にOFFにする

——ポジティブな感情に切り替えればうまくいく

いつもごきげんに過ごしていたい……だれだってそう思うもの。

ところが、私たちを傷つけたり、怒らせたり、イライラさせることは容赦なく襲いかかってきます。

そんなネガティブな感情をいつまでも抱えて持て余していても、いいことはありません。

さっさと忘れてしまいましょう。

執着しないことです。ネガティブなスイッチを無理にブチッと切るより、**ポジティブなスイッチに切り替えればいいのです。**「これでいいんだ」と納得したり、「じゃあ、どうしようか」と積極的に解決策を探したり。

ネガティブな表情も、できるだけ切り替えていきましょう。仕事の現場で、怒ったり、泣いたりというのは、フェアな訴え方ではありません。イライラやつまらなさを人に感じさせるのは、周りにもよくない影響を与えてしまいます。泣きながら訴えるよりも、笑顔で「私は～だと思います」とキッパリ言った方が説得力があるものです。

大人の女性は、感情のコントロールができるもの。泣きたくなっても、ぐっとこらえて気分転換。そしてニッコリ。

ほら。「そんなに面白くなくても笑っていると、なんだか楽しくなる」ということがあるでしょ。「うれしい！」「しあわせ～」といったポジティブ感情はオーバーなぐらいに出して、ネガティブ感情は、そっとしまいましょう。

ネガティブな感情におちいって、簡単に「かわいそうな人」になっちゃダメですよ。

◇仕事ができて、強運になる習慣◇

12 ムカッときたら10カウントする

●衝動的な感情は長く続かない。

ムカ～ッとくる出来事があったら、心のなかで「1・2・3……」と数えましょう。「怒りを覚えたら十数えよ。うんと感じたら百数えよ。それでもだめなら千数えよ」。そしてフーッと深く深呼吸。怒りはずいぶん、やわらいでくるものです。気分転換を図って、別なことでも考えましょう。

お～い、お茶入れてくんないかなぁ～？
三万八千五百六十三、三万八千五百六十四、三万八千五百……

13 「あら」「ほう」「面白い！」心が落ち着くひと言をもつ

●ネガティブ感情が切り替わるおまじない。

この言葉を発したら、なぜか冷静になれる！というひと言をもっていると便利。心が動揺する出来事があっても「あら、そうなの？」と平常心を装うことで、気持ちも落ち着いてきます。「いいんじゃない？」「きっとうまくいくわ」など、そうなればいいと思うことも口に出すといいでしょう。

14 オリジナルの気分転換法を編み出す

●「時間」「場所」「行動」を変えると、気持ちも変わる。

「こうしたら気持ちをリセットできる」という自分なりの方法をもっていると心強し。次ページにあるような、効果的な自分なりの方法を編み出して。何度もやっているうちに、感情の切り替えがトレーニングされてくるはず。

オフィスで5分！プチ・リセット方法

物理的に場所を変えたり、体を動かしたり、いつもとちがう行動をしたり。自分に合った方法で気分をリセットして、すっきり再スタート！

□ ひとまず外の空気を吸って深呼吸

空を仰いで雲の動きを眺めたり、木々の緑に触れたり。

□ お茶・コーヒーを飲んでほっと一息

ここぞ！　というときのスペシャル・ティをもつのも手。

□ 大好きな人の写真を眺めて、心のなかでメッセージを送る

支えてくれる犬や猫、家族、恋人、芸能人……メッセージは届くかも!?

□ デスク回りを5分間、整理整頓する

物理的に整理されると、頭も気分もすっきり！

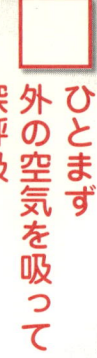

□ **社内をフラフラ歩き、気の合う同僚と雑談する**

人と会話をするのがいちばん。笑える話がベスト。ただし、仕事中は短時間で。

□ **歯を磨いて、メークを直し、鏡ににっこり笑いかける**

さっぱりした気分で、再スタート。

□ **なにもせず瞑想する**

会議室など静かな場所で5分間、目をつぶって瞑想。

□ **マッサージ、ストレッチをする**

頭、肩、首、手のひらなどをもんだり、手足を伸ばして。

□ **アロマオイルの香りを吸う**

オイルを1滴垂らしたハンカチで香りをかいで。

□ **昼休みにちょっと昼寝**

体がだるいというときは昼食後に。15～20分がおすすめ。

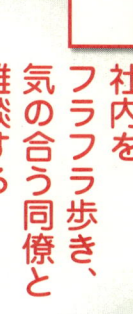

10

できる人のストレスとの付き合い方

――遊びやお酒ではストレスの種はなくならない

ストレスの種には「解決できる課題」と「解決できない問題」があります。まずは、これを分けて考えましょう。

そして「解決できる課題」であれば、解決のためのアクションを起こしましょう。逃げていたり、遊びやお酒など別な行為でストレス解消したりしても、ストレスの種はなくならず、心のわだかまりをずっと抱えることになります。

「解決できない問題」は、さっさとあきらめてしまいましょう。あきらめるとは「明らかに認める」こと。**「ま、それもいいじゃないか」と肯定的に受け入れて、**前に進んでいきましょう。

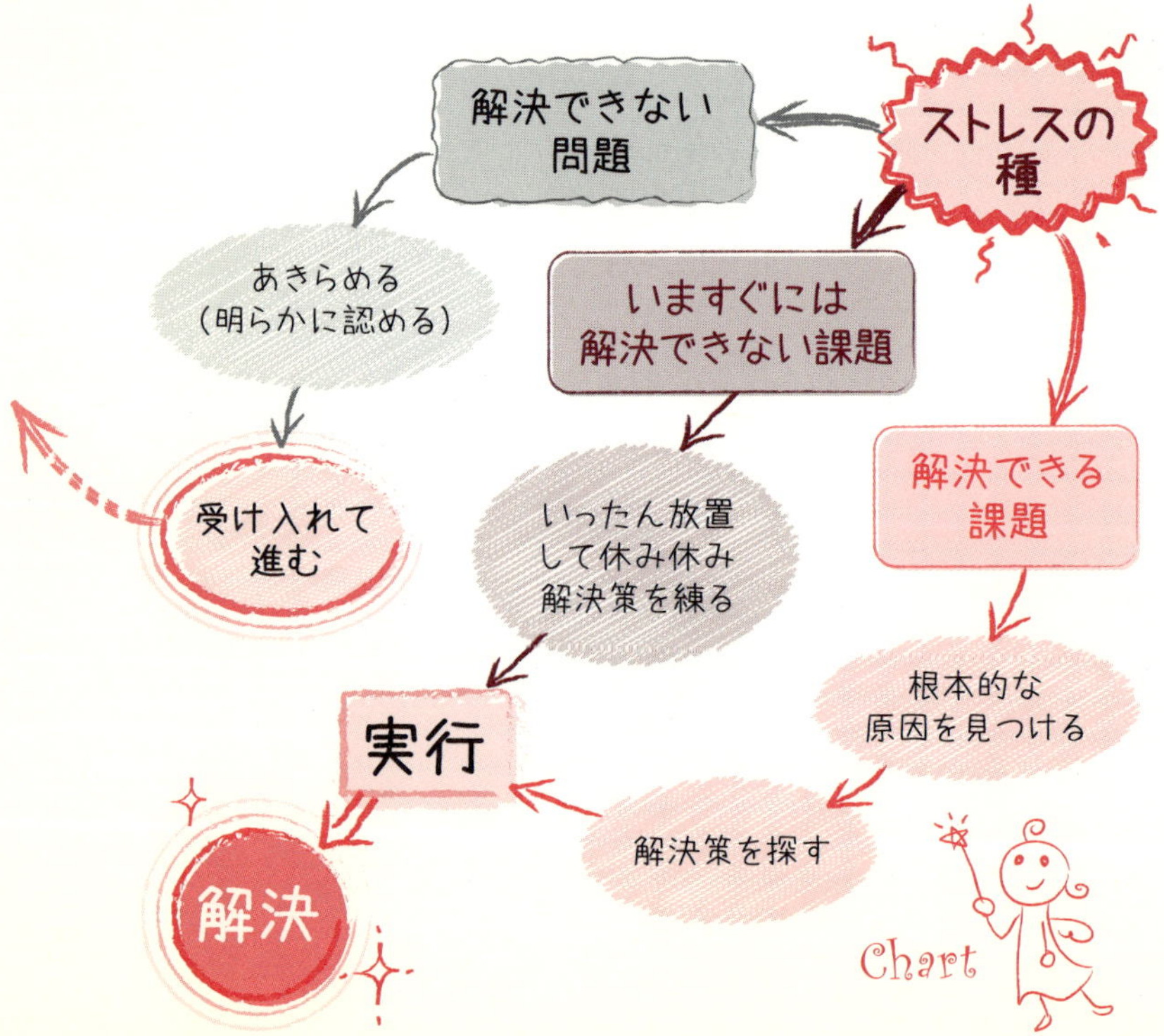

＠ストレスの種を受け入れて進む方法あれこれ

1. 問題のなかから、**感謝する点**を探して「これでよかった」と思う
2. 「なぜ進む必要があるのか？」**目的を見直して**、乗り越える
3. **学ぶことを探し**、「成長の過程」と考える
4. 「なんだか笑っちゃう」と**ユーモアに換えて**面白がる
5. 映画や小説、テレビなどで「泣く」「笑う」の「**感情デトックス**」をする
6. **ポジティブな人に話して**、すっきりする（しつこい愚痴にならない程度に）
7. 主観的な感情だけでなく、**いろいろな角度から冷静に客観視して**問題を見つめる
8. **割り切る**（執着しないで進む）

11

確実に目標を叶える女になる！

――イメージ・筋書き・確信でうまくいく

「人生ってうまくいくもんだわ」

私は、本気でそう思っているのです。

だって、ここ十年ほど、立てた目標のほとんどが現実になっているのですから。

もちろん、これは私だけの力ではなく、周りの引き立て、ちょうどいいタイミングでやってくるチャンスや情報など、いろいろなことが重なって「うまくいっている」のです。

これを人に話すと、

「ほんと、うまくいくのよね～」

と賛同する人もいる半面、

「え～～？　人生は、そんなにうまくいかないでしょう」

「たまたまうまくいく人もいるけれど、うまくいかない人のほうが多いんじゃないの？」

なんて言う人もいます。

ええ。私もかつて、そう思っていました。だから、目標を立てても、現実になることは、めったにありませんでした。

でも、本当にうまくいくのです。そう信じれば不思議なくらい。

難しい目標でも、あっさり叶うようになります。

目標を達成した様子がイメージできて、達成までの筋書きをつくる、そして「いける！」と確信する。 これでＯＫ。あとは実行するのみ。

冒頭であなたが書いた「3年後の幸せな私」は夢物語ではなく、「3年後の現実」です。

目標を叶えるプロセス7

1 目標達成の様子を具体的に描く
（絵に描くように情景で）

2 期限が必要なものはデッドラインをつける
（期限がないものは、つけなくてOK）

3 目標達成までの筋書きをつくる
⇒「いける！」と確信する

4 目標に対してのやるべきこと
「TO DO」を書き出す

5 4を時系列に並べて、
スケジュールに落とし込む

6 実行する
（実現するまで）

7 目標達成

目標達成のイメージ → 達成までの筋書きをつくる → 「いける！」と確信 → 実行 → 達成

※最後まで「私はできる！」と信じてやりきること

例「インテリアコーディネーターの資格を取得して転職する」という目標

1…インテリアコーディネーターとして、新築の家のインテリア相談に乗っている情景
2…「2年後の3～4月に転職する」と期限を決める
3…①現在の仕事をしながら、資格取得のスクールに通って勉強する
（スクール3時間 × 週1日＋自宅学習60分 × 週5日）
②8か月後の10月、資格試験を受ける
③翌年2月合格発表
④3～4月インテリアショップまたは住宅メーカーの就職活動をする
⑤採用（2年後）
⑥3年以上、経験を積む
4…□スクールの情報を集める
□スクールのパンフレットを取りに行く
□スクールの費用（30万円）を支払う
□現在、活躍している人の話を聞く、仕事を見せてもらう
□転職に半年かかったときのことを考えて、3カ月分の生活費（45万円）を確保
（3カ月分は失業保険でまかなう）
その他いろいろ
5…4を時系列に並べて、すぐにできることはスケジュール帳に落とし込む
6…実行する（実現するまで）
7…目標達成

※このプロセスは、どんな目標でも応用できます。
ワクワクしながら、プロジェクト名を決めて（上の場合、「インテリアコーディネーター実現プロジェクト」「秘密ＩＣ計画」など）、進めていきましょう。

シンプル・プロジェクト達成チャート

＜見本＞

project 1　プロジェクト名

setting objectives

①
あなたが叶えたい目標を書いてください（仕事でもプライベートでもなんでも）。
（例）「係長になる」「結婚する」「パリに一人旅する」など

to-do list

②
それに対しての「ＴＯ ＤＯ（やるべきこと）」を書いてください。

date

③
②に期限を記入してください。

④ あなたのスケジュール帳に落とし込んでください。

⑤ 実行

---

project 1

setting objectives	to-do list	date
●	●	／
	●	／
	●	／
	●	／
	●	／

project 2

setting objectives	to-do list	date
•	•	/
	•	/
	•	/
	•	/
	•	/

project 3

setting objectives	to-do list	date
•	•	/
	•	/
	•	/
	•	/
	•	/

12

できる人が知っている「努力無効の法則」

——肯定形で目標設定をしよう

たとえば、「遅刻をしない」という目標を立てたとしましょう。

これは、一見なんでもない目標設定のようですが、実は、大きな落とし穴があるのです。

「遅刻をしない」と考えた時点で、「遅刻をする」というイメージが最初に焼き付いてしまいます。だから、いくら「遅刻をしないようにしよう」と努力しても、「遅刻をする」という強いファースト・イメージにとらわれてしまうのです。

これを「努力無効の法則」というとか。

「そうしちゃいけないと思っていたのに、そうなってしまった」ということは多いでしょう。お茶をこぼさないように慎重に運んだのに、こぼしてしまった、というように。

これは「こぼすかも」という想像が、現実を引

◇仕事ができて、強運になる習慣◇

15 目標は周りの人に言ってみる

●情報やチャンスが集まりやすくなる。

目標を周りの人に宣言すると、いろいろな情報やチャンスがやってくるようになります。それもいいタイミングで！ 周りの空気があなたをサポートするように動き始めるのです。

ただし、注意しなければいけないのは、好意的に受け止めてくれる人だけに言うこと。やろうとしていることを否定したり、嫉妬したりする人では逆効果。「きっと応援してくれる」と安心感のある人に話して。

き起こしているのです。「こぼすなんて考えてもいなかった」なら、あっさり運べてしまうのに。

だから「遅刻しない」と否定形ではなく「待ち合わせの10分前に着く」と考えましょう。人に声をかけるときも「遅刻しないようにね」ではなく、「6時にはお店に入るようにしようよ」など一歩進んだ言い方で。

目標や意思、注意点などは「肯定形」のイメージで考えたり、人に伝えたりするようにしましょうね。

例

「風邪をひかない」
⇓
「いつも健康でいよう」

「太らないようにする」
⇓
「いまの体型をキープする」

「プレゼンで失敗しないようにしよう」
⇓
「最高のプレゼンをしよう」

16

目標は目につくところに書いておく

1日何度も無意識のなかにインプットする。

目標はスケジュール帳、家のデスクの前など、目につきやすいところに書いておき、少なくとも1日1回、見るようにしましょう。そのとき、目標が叶ったときの情景を思い浮かべて。実現を心から信じて過ごしていると、目標をサポートしてくれる人、情報が次々に引き寄せられてきます。

17

大きな目標は細分化して叶える

小さな目標を積み重ねると、大きな目標に到達する。

大きな志は大切。でも最初から大きすぎる目標では、遠くに感じられて気分が萎えてしまいます。いきなり富士山の頂上を目指すより、まずは5合目、7合目、8合目……と区切って登るように、徐々に目標のレベルを上げていきましょう。ちょっと頑張ったらできる程度の、小さな目標を達成することで「お、ここまできた。いける、いける!」と元気よく進んでいけます。

13

「幸運体質」の条件を知っておこう
——いいことが起きやすい人の幸運を引き寄せる土壌

いいことは、「たまたま」起きるのではなく、
必ず「理由があって」起きています。
幸運は、とってもフェアに、訪れるのです。
そして、いいことが起きやすい人には、幸運を
引き寄せる「土壌」があります。
そんな「幸運体質」の条件は……。

1 直感で決めている

直感は心の奥・無意識の領域から出てくるサイン。心の奥では、みんな「幸せになりたい」と思っています。だから、直感は幸せになるための選択をしているのです。

無意識が「こうしようよ」と言っているのに、「いや、ちょっと待てよ」とあれこれ意識的に考えると、間違った判断をすることに。

最初に感じたことがベスト。もし悩むなら、時間を決めて、短時間で悩みましょう。

2 「プラスの目」を持っている

同じ状況でも、現実を「プラスの目」で見ている人、「マイナスの目」で見ている人がいます。たとえば、彼と別れたことを「毎日寂しい。新しい彼氏をつくるのもタイヘンだし……」と思う人、「一人の時間を有効に使えるようになったわ。新しい恋もするわよ～」と思う人。幸運の神様がどちらに微笑むか、もうおわかりですね？ どんな状況でも**「プラスの目」があれば、幸運は引き寄せられる**のです。

3 人のためになにかをしている

人の役に立ったり、人を喜ばせたりすることは、人間の究極の欲求であり、究極の幸せ。

「情けは人のためならず」といいますが、**親切は直接でなくても、必ず巡り巡って返ってきます。**人は自分のエゴや損得から解放されたとき、もっと自由で大胆に、人をよろこばせることができるようになります。そして、周囲から発せられた感謝や好意で、自分が施した以上の恩恵を受け取ることになるのです。

14

自分は「いい女」だと決めてしまおう

――「こんな女性でありたい」というイメージがきれいをつくる

「きれいな人」かどうかというのは、自分を「きれいな人」として扱っているかどうか、ではないかと思うのです。

目鼻立ちは美しいのに、ファッションやメイクに気を使わず、損をしていてもったいないなぁと思う人、反対に、それほど美人ではないのに、自分の個性をよく知っていて、エレガントな立ち居振る舞い、上品な話し方から「きれいだなぁ」という印象を受ける人もいます。

「きれい」は、顔のつくりでなく、表情、肌の状態、姿勢、ファッション、ヘアメイク、しぐさ、言葉、香りなどトータルで、印象づけるもの。そして「きれい」をつくっているのは、自分の「こんな女性でありたい」というイメージです。

だから、自分を「いい女」だと決めてしまいましょう。

そして、自分が喜ぶように手をかけてあげて。

自分を信頼して、「美しさ」の要求が高ければ「きれい度数」はアップ。自分に対して自信がなく、要求が低い状態であれば、「きれい度数」は低いままです。

「きれいな人」として振る舞うと、周りの人も、あなたを「きれいな人」として扱ってくれます。

「人は見た目で判断する」のは事実。幸運も入ってきやすくなります。

ところで、仕事のファッションで大事なのは、「清潔さ」と「TPO」(時・場所・場合)。この2つを押さえて、あとは自分の個性を軸に「これぞ私！」という究極の自分を思い描いて、思いっきり素敵に、自分をプロデュースしちゃいましょう。

◇仕事ができて、強運になる習慣◇

18 自分のラッキーカラーをもつ

●ラッキーカラーは勝負色。あなたをサポートしてくれる!

ラッキーカラーがあるのは、心強いものです。「この色を身につけていると、気分がワクワク高まる」「いいことが起きる」という色をもっておきましょう。なぜか惹かれる色、いい気分になれる色、人から「似合うね」と言われる色、いいことが起きやすい色……などから、「ピン!」とくるラッキーカラーを選んで。ここぞというときに、元気づけてもらいましょう。

19 自分の「はしっこ」「見えない部分」に気を配り、手をかける

●ネイル、手、足先、靴、髪のツヤ、下着……

メイクや洋服など大まかな部分だけでなく、体の先端に気を配ることです。服装はドレッシーに決めていても、靴の先が剥げていたりすると台無し。人は、意外と「はしっこ」に目がいくのです。人から見えない部分に気を使うことも大事。「毎日、勝負下着!」とまではいかなくても、人に見られたくないような下着は避けて。表面だけ取り繕った気持ちは、自然に出てしまいます。「はしっこ」「見えないところ」まで手をかける気持ちが、女性としての自信を生むのです。

20 歩くときは少し遠くの上の方を見る

●「姿勢美人」は、大きな存在感をつくる!

背筋がピンと伸びた姿勢は、服装以上に、存在感をアピールします。自信に満ちて、やる気があるように感じられます。歩くときは、少し遠くの上方を見て、さっそうと歩きましょう。女優のように微笑みをたたえて、凛として。「いい女」になりきって、格好よく振舞って。

15

どんな職場でも通用する「敬語美人」になろう

——敬語とビジネスマナーを身につける

「敬語の使い方に自信がない」

「ビジネスマナーってめんどくさい」

なんていう人は多いものです。

でもね。敬語やビジネスマナーなど、ある程度の「型」があるから、あれこれ考えずに対応できるのです。

敬語やビジネスマナーは、お互いを尊重しながら、みんなが気持ちよく、スムーズにことを進めるための術といえるでしょう。

これらが日本で発達し、根づいてきた背景を考えると、日本社会で「相手を立てる」ことの大事さがわかります。

昨今は、上司も部下も、先輩も後輩もタメ口だったりして、ラフな関係になりつつありますが、王道は「上下関係」を重視する社会。

だから、どんな職場でも、どんな場面でも通用するよう、基本の敬語とビジネスマナーは身につけておきましょう。

どんなふうに身につけるかって？

それは、**真似ること**。

敬語の使い方がうまい上司や先輩の言葉づかい、電話応対などを真似して、自分でも使ってみる。つまり、「聴く→自分でも使う」の繰り返し。子供が言葉を覚えるのと同じです。ビジネスマナーも同じように、真似ることから（本などを参考にするのもＯＫ）。

真似て真似て、何度も使って自分のものにしましょう。基本をベースにして、臨機応変に対応できたら上級者。どこでも通用する「敬語美人」になっているはずです。

◇仕事ができて、強運になる習慣◇

21 電話は姿勢を正して笑顔で話す

●声だけでも、相手の顔は見える。

電話は見えない分、ルーズになりがち。でも、その態度や気持ちは、声のハリやトーンでわかってしまいます。だらりとした姿勢か、きちんと姿勢を正しているのかもしっかりと。相手への感謝と敬意を込めて、背筋を伸ばし、笑顔で出ましょう。電話の声は2~3割トーンダウンしてしまうので少し高めに。オーバーな表現ぐらいが、電話ではちょうどいいのです。

22 「超ヤバい」とは言わない

●若者言葉、流行り言葉を使わない。

若者言葉、流行り言葉は、社会で通用する共通言語ではありません。常識がないと思われたり、使っている人が安っぽく感じられたり、時代や個性に合っていないと痛々しいことにも。だれにでもわかりやすい言葉を使って、自分なりに表現するほうが、品格が感じられます。

23 話しかけられたら、体ごと向けて話を聞く

●つねに親近感と敬意を示そう。

仕事中、話しかけられたときに、顔だけ向けて(ひどいときは顔も向けないで)、話を聞いている人をよく目にします。体全体を向けるだけで、印象はまったく変わります。また、こちらから声をかけるときも、遠くの席から「○○さーん、昨日の資料、できていますか?」ではなく、席を立って近づいて声をかけるほうが◎。

16

相手の気持ちに先手を打てば愛される

――この7つのポイントを知ればマナー美人

本当の「マナー美人」とは、相手の気持ちを思いやって、「先手の」気遣いができる人。

先を読んで、マナーに沿って行動することで、相手を気持ちよくさせたり、安心させたり。そんな気遣いのできる女性は、だれからも好かれ、大事にされます。

さぁ、次の7つのポイントを押さえたら、あなたも「マナー美人」の仲間入りです。

Manner 1　あいさつと笑顔は先手を打つ

初対面、朝のあいさつ、すれ違うときなど、自分からニッコリあいさつ。先にする分、相手へのインパクトも強いもの。「先にする」のと「されてからする」のでは、まったく印象がちがうのです。「素敵な女性だな」という好印象は、心の奥深く残っていきます。

Manner 2　「だれをいちばん立てるか?」関係性を見抜く

あいさつや名刺交換、お茶出しなど、だれを最初にするか、だれを中心に話をするのか、だれを上座に通すか……関係性を知るのは、とても重要なことです。役職がない場合は年齢順。年齢もあまり変わらないようであれば、なるべく公平に。

Manner 3　「公」と「私」は切り離す

私用の携帯電話、メール、インターネット検索をしたり、私物をあれこれデスク回りに置いたり、会社の備品を私用で使ったり。時間、場所、モノの公私混同は論外。忘れちゃいけないのは「私情」の持ちこみ。仕事や人は「好き・嫌い」で分けられません。「仕事は仕事」と割り切りましょう。

Manner 4 相手の状況を察して、動く

荷物で両手がふさがっている人を見たら、ドアを開ける、ヒールの高い靴を履いている人と一緒だったら、階段ではなくエレベーターを使う、相手の気持ちを察して話題を変えるなど……なにも言われなくても、そっと思いやれるのが、上質のマナーです。

Manner 5 「お先にどうぞ」で相手を優先する

入り口でドアを開けるとき、エレベーターでの乗り降り、同時になにか話そうとしたときなど、「お先にどうぞ」と相手を優先しましょう。ただ、お互いに「そちらから」を繰り返すのはよくありません。相手からの「お先にどうぞ」は「ありがとうございます」と気持ちよく受けるのもマナーです。

Manner 6 相手からの依頼や問いかけは、すぐに返す

ちょっとした頼まれ事や質問など、すぐにできることは、即対応。また「電話をします」と言ったらする、「資料を送ります」と言ったらすぐ送る、など小さな約束ほど守ることです。この誠実な対応が信頼となって積み重なっていきます。

Manner 7 1日10回以上、鏡を見る

「見た目」のマナーは、仕事の一部。清潔さ、TPOを押さえるのはもちろん、服はくたびれていないか、化粧は濃すぎないか……「人がどう思うか」という客観的な目線で、1日10回以上は鏡をチェックしましょう（そのうち3回以上は、全面鏡で）。

17

話し方で愛される人になる
——クッション言葉の基本フレーズ

「クッション言葉」とは、相手の期待に添えないことを伝えたり、依頼するときなど、謙虚な気持ちを言葉にこめて、やわらかい印象にする便利な表現です。

次のフレーズは、あちこちで使えるので、ぜひマスターして。

❶ 依頼する

「恐れ入りますが、(~して)いただけますか?」

「お手数をおかけしますが、~」

「ご面倒ですが、~」

※プラス「命令形⇒疑問形」で依頼して、やさしい言い方に ☞

(例)「もう少し待ってください」
⇒「少々お待ちいただけますか」

「ご遠慮ください」
⇒「ご遠慮いただけますか」

❷ 断る

「大変申し訳ございませんが、~」

「誠に残念(恐縮)ですが、~」

「お役に立てず、申し訳ありません」

※プラス「否定形⇒へりくだった言い方」で、角が立たないように、やんわりと

(例)「できません」⇒「いたしかねます」
「難しいかと思います」

「わかりません」⇒「わかりかねます」

「丁寧語・尊敬語・謙譲語」これだけはマスターしよう

●敬語でいちばんやっかいと言われるのが**「丁寧語・尊敬語・謙譲語」**の使い方。

「丁寧語」……言葉自体を丁寧に表現する言葉。「お天気」「お茶」「～です」「～ます」
「尊敬語」……相手や相手の動作に対して敬意を表現する言葉
「謙譲語」……自分や自分の動作をへりくだって表現する言葉

動詞	丁寧語	尊敬語	謙譲語
する	します	されます・なさいます	いたします
行く	行きます	いらっしゃいます	参ります・伺います
言う	言います	おっしゃいます	申します・申し上げます
見る	見ます	ご覧になります	拝見します
聞く	聞きます	お聞きになります	承ります・伺います
思う	思います	お思いになる	存じます
もらう	もらいます	お受けになります	頂きます・頂戴します

③ 質問する

「少々お伺いしたいことがあるのですが、～」
「失礼ですが、～」

④ 支援を申し出るとき

「よろしければ、～しましょうか」
「お差し支えなければ、～」

※プラス「疑問形」が、相手も負担にならずに応じやすい

(例)「私が手伝います」
⇒「お手伝いしましょうか」

⑤ 相手の期待に添えないとき

「あいにく、～」
「残念なことに、～」

だれだって、好きな人と仕事がしたいし、好きな人を助けたい。好きな人だったら、多少失敗しても「憎めないなぁ」と、許してしまいます。

反対に、好意的に思えない人であれば、一緒に仕事をしたいとは思いません。そんな人は、フリーランスや経営者であれば、すぐに干されてしまいますし、組織の中であれば、だれからもサポートされず、一人でつらい思いをすることになります。

いい仕事をするため、求められる人になるためには、まずは人から好かれること。

「人間関係」がベースです。これは、仕事をするうえで、とても単純で、あたりまえのことですが、心の底から理解している人は、それほど多くないようです。

そんなに難しいことではありません。

いつも相手の立場で考える習慣をもてばいいのです。

取りかかりとして、ここにある「ちょっとした習慣」

第2章 仕事ができて、愛される人

を試してください。いつの間にか、相手の気持ちに寄り添っているのを実感するはずです。

覚えていてください。周りの人の態度は、あなたの鏡です。あなたが歩み寄るほどに、周りの人も同じように歩み寄ってきます。あなたが人をサポートすれば、あなたはさらに大きな、周りからのサポートと好意に包まれるでしょう。

周りの人を敵にするのも、味方にするのも、あなた次第。自分を大切にすることは、周りの人を大切にすること、なのです。

01

「あいさつ美人」には幸運が舞い込む！

——お互いの間の空気が、温かく変わってくる

「あいさつ」は人間関係の入り口。「あいさつで始まり、あいさつで終わる」と言ってもいいでしょう。

初対面の人、壁をつくっている人、よく知らない人であっても、気持ちのいいあいさつをすることで、次第に打ち解けていきます。

あいさつは、基本マナーなので、だれでもやっているのが当たり前と思いがちです。ところが、意外とちゃんとできていない人が多いのです。

あなたの周りに、こんな人はいませんか？

- ボソリと声が小さい
- 顔を相手に向けていない
- まったく表情がない。無愛想
- 会釈がない。または言葉がなくペコンと頭を下げるだけ
- 「はよ～」「ちわ～」など、はっきりした言葉になっていない

あいさつができていない職場は、ほとんどの場合、人間関係が希薄です。

あいさつは、ただ形式的な儀式ではなく、「今日もよろしくお願いします」「あなたと仲良くしたいです」「ご機嫌いかがですか？」など、いろいろな意味が込められているのです。相手を受け入れ、自分も受け入れてもらおうという、気持ちの交換です。

気持ちのいいあいさつをするだけで、お互いの間にある空気がやわらかく、温かく変わってきますよね。毎日やっていると、**あなたの周りは、幸運なオーラで包まれてくるはず**。あいさつは「目を見て」「笑顔で」「明るく」、しましょうね。

◇仕事ができて、強運になる習慣◇

24 見たことのある程度の人にも、声に出してあいさつする

●いつもすれ違う人、掃除のおばちゃん、配達のお兄さんにも

時々エレベーターなどで見かける人に、ペコリと頭を下げる人は多いものですが、声に出して言う人はあまりいません。でも、声に出すだけで、お互いの間に漂う空気はまったく変わってきます。掃除のおばちゃん、配達のお兄さんなど、すべての人に、さわやかなあいさつができる人は愛されます。なにかいいことがきっとあるはずです。

25 朝のあいさつにひと言ふた言、加えてみる

●朝いちばんのあいさつが、一日を決める。

あいさつは大切なコミュニケーションの機会。せっかくなので会話にして、親近感を深めちゃいましょう。特に一日の始まり、朝が重要。上司には「おはようございます。昨日は食事会、ありがとうございました。素敵なお店でしたね」、先輩には「昨日は遅かったんですか？」など会話が続くように。なにもなかったら「雨が上がっていい天気になりましたね」「道が混んでましたね」など、当たり障りのない話でもOK。

26 あいさつのとき、名前も一緒に呼んでみる

●人は自分の名前を呼ばれるのが好き

だれだって、自分の名前を呼んでくれる人のことは好き。あいさつの前後に、「田中さん、お疲れさまです」などと名前をつけるだけで、お互いの距離はぐんと縮まります。あいさつだけでなく、初対面での会話、会議や友だちとのおしゃべりのときなど、できるだけ名前を連呼しましょう。最初は照れくさくても、そのうち慣れてくるものです。

02

会話は7割聞いて3割話す

——会話上手とは「聞き上手」な人のこと

ほとんどの人は、「自分のことをわかってほしい」と思っています。だから、自分の話を聞いてくれる人は大好き。

相手が自分のことを話しているときは、人間関係はいい方向に導かれています。

会話上手とは「聞き上手」な人のことなのです。

デキる営業マンも「聞き上手」だといいます。自分の営業トークでガンガン攻める人には、引き気味になるものですが、相手の話をじっくり聞く営業マンは、人の心をつかみ、信頼されます。

ただし、聞いてばかりではバランスが悪いのです。相手がこちらのことを理解できないことにもなります。**「7割聞いて3割話す」**くらいの気持ちでいるといいでしょう（実際は、6割聞いて4割話している状態のはず）。

さて、会話上手でいちばん大事なのは、「楽しそうに」聞くこと。

相手に興味をもって、「この人はどんな人なんだろう」「自分と共通する部分はあるかな」と聞いていると、相手は気分が高まって、ますます会話が弾んできます。

もしかしたら、つまらない話かもしれませんし、自分とちがう意見かもしれません。

それも受けとめることが大事です。「それっておかしい」「ちがうんじゃないの？」と思っても、わざわざ口に出す必要はありません。「そんな考えもあるんだ」でいいのです。

本当の「聞き上手」「会話上手」とは、包容力のある人ではないでしょうか。

◇仕事ができて、強運になる習慣◇

27

いちばん近い共通点を探る

●共通点で人との距離はぐっと縮まる。

会話のなかから、自分との共通点を探っていきましょう。「血液型」「興味があること」「趣味」「住んでいる場所」「出身県」……そのなかでも、もっとも親近感を感じる、特別な共通点を見つけるのです。初対面の人とは、すぐに打ち解けますし、いつも会っている人でも新しい関係に発展するかもしれません。

28

相手の意外性を探る

●先入観・固定観念はチャンスを遠ざける。

ちょっと怖そうな人でも、どこかやさしい面があるかもしれません。まったく仕事ができない人でも、なにかすばらしい能力を持っているかも。興味をもって、「なんでもあり」と考えると、意外な一面が発見できるでしょう。人は単純なものではないし、知らない情報は山ほどあるのです。

29

「どんな気持ち?」「どう思った?」感情を聞いて共感する

●人は共感でつながる。

事実を聞くだけでなく、「どう感じた?」「楽しかった? よかったねー」「辛かったね、わかるよ」などと感情を共感し合うと、会話はより深くなります。特に女性同士は、共感で響き合い、がっちり強い関係に。プライベートの話題はもちろん、仕事の場面でも、成功の喜び、仕事の大変さなどを共有していきましょう。

聞き上手が実践している7つのツボ

1 相手の目を見て、あいづち

「ほう」「なるほど」「ええ」「そうですか」
など、しっかり頷く

2 相手と同じ言葉を繰り返す「オウム返し」

「昨日は休みでした」「休みだったんですね」
としっかり聞いていることをアピール

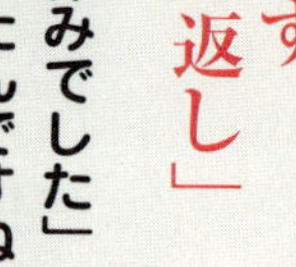

3 否定ではなく、共感で

「でも……」の逆接ではなく
「そのとおり！」「私もそう思います」「わかります」「同感です」
と賛同する

4 話を展開する

「それで？」

「それから？」

「どうなったんですか？」

と、話を先に誘導する

5 「はい」「いいえ」で会話が終わる質問でなく、「5W1H」の質問をする

「いつ？」

「どこ？」

「なにを？」

「どうして？」

「だれと？」

「どんなふうに？」

だと会話が続きやすい

6 ちょっぴりオーバーに感動する

「え〜〜〜本当？」

「そんなこともあるんですね〜」

「おもしろ〜い！」

と表情豊かに

7 「きっかけ」を聞く

「そもそも、きっかけはなんですか？」

この質問で、本質をつく深い会話に

03

周りからサポートされて輝く人の7つの特徴

――助けてもらいやすい人になる

世の中には、周りの人たちからサポートされて輝いている人、残念ながら、あまり助けを得られず一人でがんばっている人もいます。

では、「助けてもらいやすい人」とはどんな人でしょう。

私が考える、その特徴は次の7つ。あなたはいくつ当てはまっていますか？

- □目標、目的がブレずに、一生懸命な人
- □だれでも平等に付き合う人（打算が感じられない人）
- □謙虚な人
- □隙のある人（完璧でない人）
- □助けてもらうだけでなく、自分でも人のためになにかができる人
- □人の助けを心から喜んで受け入れる人
- □自分からはお願いしない人

いかがでした？　もし、すべてにチェックが入ったとしたら、助けてくれる人が複数いるはず。いなきゃおかしい！（笑）

さて、本当の「助けてもらいやすい人」とは、自分からお願いすることは、めったにありません。だって、お願いしなくても、どこからともなく援助の手が伸びてくるんですから。

そんな温かい愛に包まれていたら、本当に幸せ。そして、一人でがんばらなくても次々にやりたいことが実現できるようになります。

さぁ、この7項目を満たして、あなたもラッキーな女性になりましょう。

◇仕事ができて、強運になる習慣◇

30 「すみません」ではなく「ありがとう」と言う

●してもらうことを拒まない。

相手に「申し訳ないなぁ」という気持ちで「すみません」と言う人がいますね。「すみません」の語源は、謝罪の意を含む「心が澄みきらない」から来ているとか。相手の好意に対して、罪の意識をもつことは、相手が望むことではありません。「お返ししなきゃ」「借りをつくってしまう」という心配も一切不要。一点の曇りもたないで、相手の好意を喜んで受け入れましょう。

31 「頼む」のではなく、「相談」する

●「相談」で味方につける。

「相談」というのは、「一緒に同じ課題を解決する」ためのプロセス。お互いを同志のような関係にしてくれます。「頼む」だと、同じ目線ではなく「求める⇒与えなければいけない」という義務感を感じることに。お互いにとって相談のほうが、気がラク。相手に多くを期待しないことが、結果的に、いい関係が築けて、助けてもらいやすくなるのです。

32 お礼は2回に分けて言う

●恩のある人には十分、礼をつくす。

なにかしてもらったときに、その場で「ありがとう」だけではなく、翌朝会ったときに、または電話をかけて、またはお礼状で感謝を示しましょう。相手にとっては、見返りがなくても「心から感謝しています」という気持ちだけで十分。自分の成長している姿、相手の助けが役立っているということも、追々伝えていきましょう。

04

チャンスは人が運んでくるから、縁を切らさない

――人との縁を本当の「ご縁」にする方法

私たちが、一生のうちに出会える人は限られています。

これだけ多くの人の住んでいる日本で出会い、言葉を交わし、気持ちの交換をする……そんな人とは、必ず「縁」があって出会っているのです。

もちろん、1回だけしか会わない人もいるでしょう。同じ学校や職場で毎日のように顔を合わせ、仲良くしていても、環境が変わると、ぱったり……という人もいます。

人との縁を、本当の意味での「ご縁」にするのは、あなた次第。

まずは、**「つながっていたい」と相手を求めること**です。

この気持ちがなければ、人との「ご縁」は成立しません。

そして、その気持ちが行動に反映されること。

縁の糸を強く太く紡いでいくように、引かれ合う人といい関係を築いたり、離れていても連絡し合

33

◇仕事ができて、強運になる習慣◇

思い出したら即連絡する

●思い立ったが吉日。ベスト・タイミング。

思い出したということは、その瞬間、相手となにかの波長が合ったということ。連絡をすると「いま、連絡をしようと思ってたの」「私も思い出したところだったわ」なんてこともあるでしょう。連絡できないのは「面倒」「なんて思われるかな」と、なにか心にブロックが働いているから。連絡するのは、一瞬でできるカンタンなことです。理由は「ちょっと思い出したの」「どうしているかと思って」で十分。

34

電話で済むことは、メールよりも電話を使う

●「メール＜電話＜直接会う」で親近感アップ。

普段メールでしか連絡しない人には、タイミングをみて5回のうち1回は電話にする。いつも電話ばかりの人には「たまには会って話そうよ」と誘ってみる…などメールよりも声を聞く、電話よりも直接会うほうが、より近くに感じられて、お互いの理解が深まります。直接的な触れ合いを大事にしましょう。

35

「つながる」ために、相手に軽い課題を与える

●人間関係は気持ちの交換。

自分から連絡するのも大事ですが、相手が連絡しやすくなるように「仕掛け」をしておくことです。「またお子さんの成長を見たいな」「旅行に行ったら土産話聞かせてくださいね」「いい本があったら情報交換しましょうよ」など相手が負担にならない程度の課題を与えておくと、思い出してもらえます。仕事、趣味や関心事の共通点からも課題を見つけるといいでしょう。

ったり。

放っておくと、縁の糸は、だんだん細く弱くなって、切れてしまいます。

でも不思議なもので、親友やメンター、恋人、配偶者など、強い「ご縁」で結ばれている人は、無理に「連絡をしなければ」と思わなくても、自然に寄り添ってくるもの。もちろん、そんな関係でも、メンテナンスは必要です。

人との縁が、人生をつくります。

人は人によって成長し、人によって支えられ、人によってチャンスを与えられるもの。自分一人でできることは、なにひとつありません。

縁の糸が細くなって切れてしまわないように、やさしくやさしく、紡いでいきましょう。

05

人と戦わず、仲間関係になろう
——人間関係は仕事のセーフティネット

仕事に行き詰まりを感じたり、必要以上にストレスを感じたりする人の特徴として、多くの仕事や問題を自分一人で抱え込んでしまう傾向があります。

それは、人に頼らず、自分一人でがんばり過ぎてしまうからです。

仕事を「個人」という枠組みでとらえるか、「チーム」という枠組みでとらえるかで、気持ちや仕事のやり方、人間関係に大きな差が出てきます。

前者は、自分のことだけにフォーカスしてしまい、与えられた義務を果たそうと一生懸命になる反面、「やるべきことをやればいい」「成果を出せばいい」という個人主義に走りがちです。

これが強くなると、仕事を押し付け合ったり、足を引っ張り合ったり。人間関係は殺伐としたものになってしまいます。

後者は、助け合いの精神ができていて、フォローしたりされたり。プレッシャーやストレスも感じにくいものです。**人間関係が潤っていると、仕**

◇仕事ができて、強運になる習慣◇

36

会話のなかで「私たち」と言ってみる

●「私たち」で仲間意識をアピールする。

「私たち、前回よりうまくいきましたね」「私たちの部ってチームワークいいですよね」など、相手を「私たち」に取りこんでしまいましょう。一緒に取り組める仕事があったら、積極的に関わって。達成感をともに味わうことで、仲間意識はさらにアップ。共感できること、共通点を話すのも一案です。ただし、悪口ではつながらないで。

37 1日1回は、雑談をする

●「雑談」が潤いのある人間関係をつくる。

職場は仕事をする場ですが、仕事の話だけしかしないのも人間味がなく、冷たいものです。ランチや休憩時間など「猫のクロちゃん、お元気ですか」「最近、駅前に新しい雑貨店ができましたね」など、他愛のない雑談をすることで、関係は潤ってきます。仕事にもいい影響があること間違いありません。

38 ほめられたら「○○さんのおかげです」と名前を出す

●感謝の気持ちが潤滑油に。

「よくがんばったわね」「ありがとうございます。Sさんのおかげです」と、相手の名前、または、特にお世話になった人の名前を出し、自分一人の功績ではないことを伝えて。有休を取ったり、早めに帰ったりするときも「おかげさまでお休みをいただけます」と言っておくと、気持ちよく送りだしてもらえます。

事の困難や危機も乗り越えていけます。チームの人間関係こそ、仕事におけるセーフティネットといえるでしょう。

ただし、これは「甘えていい」ということではありません。

それぞれが自分の役割をしっかりやることは大前提。お互いに「任せて安心」という信頼関係ができていて、役割分担がうまく機能してこそチームワークは、がっちり強いものになっていきます。

会社やチームは、同じ目標に対して一緒に進んでいく「仲間」です。

そんななかで、敵対関係をつくっちゃだめですよ。

06

「先手を打つ！」上司との付き合い方

——できない上司、苦手な上司、うるさい上司との付き合い方

職場の悩みでもっとも多いのが、上司や同僚、部下との人間関係。とりわけ、影響力のある上司に対する悩みは、もっとも多いようです。

「仕事をしない」「ガミガミうるさい」「セクハラ行為をする」「部下に責任を押し付ける」「部下を正当に評価してくれない」「自分の間違いを認めない」「聞く耳をもたない」「気分屋」などなど。いますいます。どこにでも、こういう人は。

まずは、上司も欠点のある一人の人間だということを認めましょう。

「上司だから許せない」という気持ちもあるでしょうが、仕事だから、割り切って付き合うことができるのです。

そして、どうせ毎日のように顔を合わせて、付き合っていかなきゃいけないのなら、イヤイヤ付き合うのではなく、どーんと受け止めて、主体的に乗りきっていきましょうよ。

問題の原因のほとんどは、「コミュニケーション不足」なのです。

「逃げ」や「受け身」の姿勢では、事態がよくなることはありません。

自分から積極的に、よく話すこと。そして、相手の考え方、行動を理解して「先手を打つ」ことです。

先にあいさつをする、**言われる前に**ホウレンソウ（報告・連絡・相談）をする、言われそうなことは、**先に**やっておく、上司の性格を把握して**先読みし、**防衛策をとっておく……。これができたら、これまで振り回されていた上司と、それほど摩擦なく、付き合っていけるはずです。

◇人間関係の困った悩み・あれこれ◇

話題が悪口になったら、どうする？

悪口は避けたいところですが、「悪口はやめましょうよ」では、かえってイヤ〜な空気になってしまいます。「そうなんだぁ」と、当たり障りなく聞き流しつつ、タイミングを見て話題を変えましょう。「部長ったら、こまったさんですねぇ」とユーモアにしたり、悪口の内容を「私もAさんと同じ過ちを犯しそう」と自分ネタに差し替えるのもあり。くれぐれも「そうですね」と同調しないように。あとで「○○さんも、そう言っていたわ」となりかねませんから。

「派閥」をどう切り抜ける？

どちらにも加担しないことです。不安になるかもしれませんが、一方の派閥に入ると、敵をつくることになり、もっと厄介なのです。悪口や噂話には乗らず、「職場は仕事をする場所」と、仕事に集中しましょう。広く浅く平等に接しているうちに「派閥勧誘」もなくなってきます。「派閥」だと強気で振舞っている人でも、「個人」対「個人」で付き合うと、いい関係が築けることがあるものです。

なぜか私だけにキビシイ先輩には、どう接すればいい？

しおらしく言うことを聞いていると、相手の態度が増長することもあるので、できないことは「すみません！　今回は難しいです」と、ハッキリ言いましょう。売られたケンカを買うように、怒ったり、イジイジしたりしてはダメ。「私、先輩に仲良くしてほしいんですけど、どうしたらいいんでしょう？」と相談っぽく聞いてみるのもいいかも。あいさつやお礼など、押さえるところは押さえて、淡々と過ごしているうちに、仲良くなれるきっかけがあるはずです。手に負えなくなったら同僚や上司に相談するのも、ひとつの方法。

07

どんな上司も味方にできる7つの行動
——大事にされる人がしていること

1 仕事でのリスペクトを示す

どんな上司でも一カ所ぐらいは、尊敬するべき点があるはず。人の上に立っている、会社のことを自分よりも知っている……それだけでも大きなリスペクト。恥ずかしがらないで「さすがです」「尊敬します」と口に出して。

2 早め早めに相談する、なんでも質問する

困ったことがあれば、自分一人で解決しようと思わず、すぐに相談すること。「頼りになる上司」として扱うことで、心強い味方に。また積極的に質問して、やる気をアピール。「相談＋質問」でコミュニケーションを増やしていきましょう。

3 軽率な言動は避ける

あまり考えずに言ったこと、衝動的に言い返したことが、上司の逆鱗に触れたり、取り返しのつかない状況になることも。「この言葉、言っても大丈夫？」と思ったら、呑み込んだほうが得策。特に相手を非難したり、弱点に触れる言葉は禁句。

4 上司の価値観、性格を把握する

なにをいちばん大事にしている人なのか？ 価値観がわかると、評価をもらえる基準も見えてきます。また、性格や行動パターンを読むことで、仕事の進め方もわかります。うまく付き合うには、相手の性質を十分理解することが大切です。

5 叱責やアドバイスは謙虚に受け止める

叱られた場合、ほんの少しでも自分に非があるなら、言い訳や反論はしないことです。アドバイスも素直になって「勉強になります」と受けましょう。人の気持ちをすんなり受け入れられる人は、成長が速いものです。

6 自分の意見を積極的に言う

上司だからといって、すべてを鵜呑みにする、ということではありません。「こうしたほうがいいんじゃないか」「こんな考えもある」という意見は、積極的に。前向きに意見を言う人ほど上司に歓迎され、信頼を厚くします。

7 最終的には上司の意見に従う

たとえ意見が対立しても、納得がいかなくても、組織のなかでは「上司に従う」のが基本ルール。最終的に、私情を押さえても、上司の意見に全面的に協力する人は、必ず大事にされます。

08

「Win・Win」で相手を味方に変える！

――両者ともにプラスになれる到着点を目指す

ビジネスの場において、対立関係ができることはよくあるものです。

たとえば、ひとつのポジションや仕事を2人で奪い合うとき、意見や企画が対立したとき、トラブルが起きたとき、などなど。それを「両者ともにプラスになる利益や恩恵が受けられて、にっこり握手」という到着点を目指すのが「Win・Win」の考え方です。

対立してしまったときに、行き着くのは次の4つの関係があります。

1 「Win・Lose」の関係
……自分は満足するけど、相手は不満足

2 「Lose・Win」の関係
……自分は不満足で、相手は満足

3 「Lose・Lose」の関係
……自分も相手も不満足（共倒れ）

4 「Win・Win」の関係
……自分も相手も一緒に満足

「Win・Winの解決案」の見つけ方

1. 相手の話をよく聞き、「求めていること」を理解する
2. 自分の求めていることを明確に表す
3. 1、2からお互いが「OK！」という方法を探す
   ※根本的な原因、前提を見直して、新しい発想のアイデアを生み出す
4. 協力して実行する
5. フィードバック。改善点があれば、変更していく

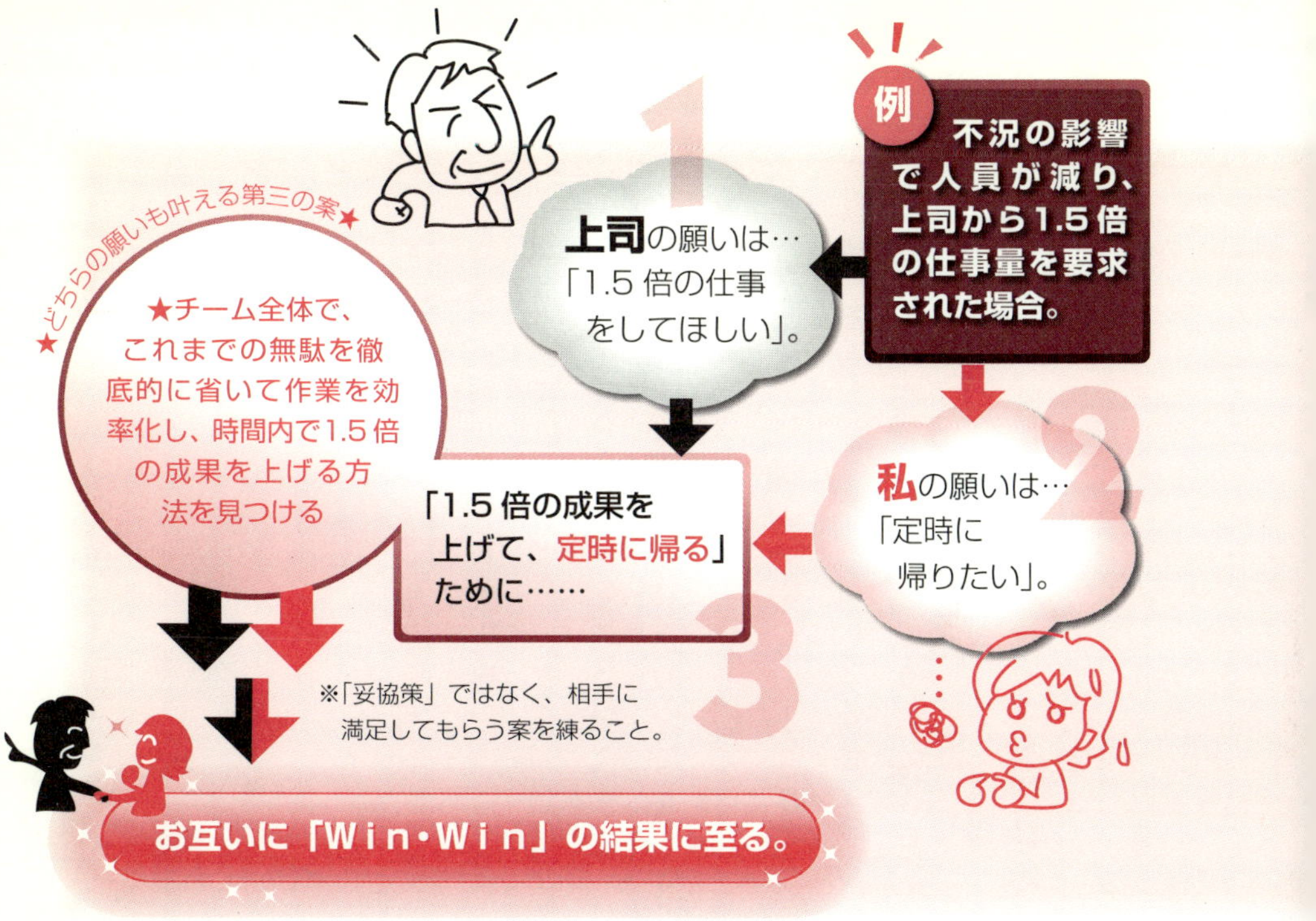
例
不況の影響で人員が減り、上司から1.5倍の仕事量を要求された場合。
1
上司の願いは…「1.5倍の仕事をしてほしい」。
2
私の願いは…「定時に帰りたい」。
3
「1.5倍の成果を上げて、定時に帰る」ために……
★どちらの願いも叶える第三の案★
★チーム全体で、これまでの無駄を徹底的に省いて作業を効率化し、時間内で1.5倍の成果を上げる方法を見つける
※「妥協策」ではなく、相手に満足してもらう案を練ること。
お互いに「Win・Win」の結果に至る。

1は、自分だけがいい思いをしても、罪悪感が残ったり、恨みを買ったりして、いいことはありません。2は、相手をいくら喜ばせても自分が不満足ならつまらない。3は論外ですが、お互い欲求を押し付け合っているうちに疲れ果て、共倒れしてしまうのは、よくあることです。その間に「漁夫の利」で、ほかの人がいい思いをすることもあります。

ということで、4の「Win・Win」の関係を目指しましょう。**同じ目標に向かって進むことで、対立関係は同志のような関係になります。**

これはすべての人間関係で成り立ちます。どちらかが、無理をしたり、納得していない状態だと、関係は続きません。相手にとってプラスであることを提供すると、自分にとってもプラスのことが起きる……ということは、多いものです。

09

男性と仕事で上手に付き合う方法
――競争しないで協力し合う秘訣

「仕事では男も女もない」

確かにそうです。仕事では、性別を超えて「どれだけ仕事をしたか」が要求されます。

しかし、男と女、特質が大きくちがいます。「感情」をつかさどる右脳が発達している女性に対して、男性は「思考」をつかさどる左脳が発達し、論理的な考え方が得意といわれています。

一定の時間で、あれこれと複数のことを考える女性と、ひとつのことしか見えていない男性。人間関係では「共感」を大事にする女性と、「尊敬」「認め合うこと」を大事にする男性。

だから、仕事のやり方はちがうし、付き合い方もちがいます。

いくら「男も女もない」とは言っても、お互いに「異性」であるのは事実。

そんな**男性との付き合い方のポイントは、相手を「できる男」として扱うことです。**

たとえ「できない男？」と思ったとしても。相手の期待に応えよう、いいところを見せようと、健気にがんばるのが男。相手が女性であれば、なおさらです。

「さすが○○さん！」

と大いにほめ、大いに立ててあげましょう。

決してやってはいけないのは、戦ったり競争したりすること。闘争心、競争心が強いのも、男性の特徴ですから。

また、思考回路がちがうので「言わなくてもわかって」が通用しないのもお忘れなく。

◇仕事ができて、強運になる習慣◇

39

自分にない点をほめる

●男性としての尊敬を示す。

論理的な考え、広く遠くのことを読む視点、数字に強い点、身体的力の強さ、粘り強さなど、「自分にはないな」「かなわないな」という点を見つけて、尊敬を示しましょう。

これで男性は協力体制に。男性と女性は、協力して課題を達成するために、ちがった特徴を持ちあわせているのです。

40

「気配り」で協力する

●男性からの尊敬を受ける。

男性が女性に対して最も敬意を示すのは、「気配り」や「細かいところによく気づくこと」。

女性の得意分野です。男性が気づかない点を、やさしく、さりげなくフォローすることで、気持ちをグッとつかめます。お礼を2回に分けて言う、「困っているかな？」と思うときにさっと手を差し伸べるなど、ちょっとしたことでも男性からも尊敬と感激のまなざしが。

41

「どうしてほしいのか」、はっきりと話す

●まずは結論から。

相手の命令や期待に忠実に応えようとするのが男性。論理的思考の男性には「時系列で話して、最後に結論・依頼」ではなく、まず「どうしてほしいのか」結論・依頼を最初に。希望を具体的に、理由づけて話しましょう。筋が通っていて、納得できることならば、男性の協力モードは一気に加速します。

10

「嫌な人」を「いい人」に変えてしまおう
――接し方で相手との関係は変わる

「ちょっと苦手だな～」

「どうして私に、冷たいのかしら」

「そんなにキツく言わなくてもいいのに」

なんだかしっくりいかない、反発し合っている……という人は、多くの職場にいるものです。できれば避けて通りたいところですが、避けてばかりではストレスの種はなくならないし、仕事もはかどりません。仲良くしないまでも、心の負担にならないよう、付き合っていきたいものです。

そのためには、相手のことを「そんな人なんだ」とあきらめる（明らかに認める）こと。

人の性質は変わるものではありません。

でも、自分の接し方で、相手との関係は変わります。

人の性質は、「球」のようなもの。いい面もあれば、悪い面もあります。どの面に接するかで、いい人にも悪い人にもなるのです。

まずは相手が「いい人」になる面を探ってみましょう。

接しているうちに、どう付き合うのがベストか、わかってくるものです。

また、「嫌な人」であっても「いい人」として、付き合うことから始めましょう。

相手の態度は、自分の心を映す鏡。「いい人」として付き合えば、自然に「いい人」になってくるし、「嫌な人」として避けたり反撃したりしていると、ますます「嫌な人」になって接してきます。人は、よくも悪くも、接する人の気持ちのとおりになっていくのです。

図説 1 「人の性質」

図説 2 「期待に応えようとする」人間

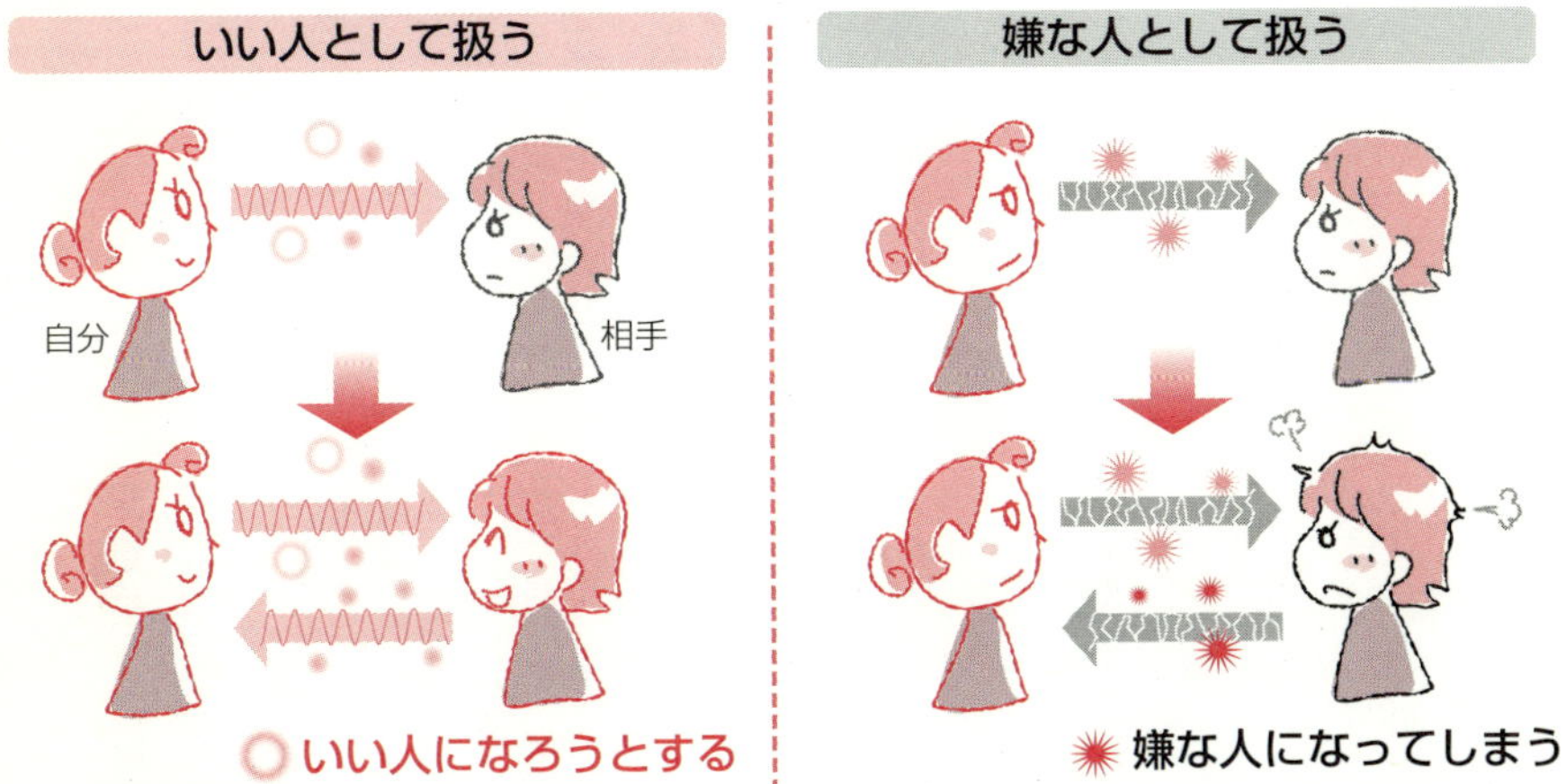

「いい人」になってもらう3ステップ

1 基本的に相手は変わらないと「あきらめる」
2 その上で「いい人」になる接し方を見つける
3 いつも「いい人」として扱う

自分にとっての「いい人」に！

苦手な人とうまくやる10の作戦

mission 1 都合のいいところをひとつだけ探す

■自分にとって都合のいい部分を1個だけ見つけましょう。関係がうまくいかないときは「ま、いっか。Aさんはいい加減だけど、人にも厳しくないし」などと唱えて。

mission 2 相手が笑顔になるツボを探る

■相手が笑顔になるツボがわかったら、こっちのもの。ときどき、そのツボを押してあげましょう。そのうち、笑顔が習慣づいてくるはずです。

Her smile
is dazzling.

mission 3 自分の弱点や失敗談を暴露してみる

■自分のお腹を見せることで、戦う気がないことをアピール。ただし、それが原因で足元をすくわれる原因にもなるので、本当の弱点は取っておいて、笑える程度の弱点を。

I've got
to talk to you.

mission 4 共通点・共感できるところを、ひとつ見つける

■どんな人にだって、共通点や、同じ気持ちを抱く部分があるはず。それをお互いに認識すると、関係が変わってきます。特別な共通点であればなおさらです。

You and I have
a lot in common.

mission 5 なんでもいいから相談する

■相談をすることで、一気に味方のような存在に。大したことでなくても相談をし、解決したら「○○さんのおかげです！」と大いに感謝しましょう。

mission 6

苦手な人ほど、笑顔度数を上げてみる

■「イヤだな～」と思っていると、ついつい顔に出てしまうもの。意識して、にっこり笑顔で接して。相手も拍子抜けしてしまうかも。女はいつでも女優になれるのです。

mission 7

「そういうとこ好きです」と言ってみる

■たとえ心にもないことでも、口に出すと気分がよくなるから不思議。言葉にすることで、本当に好きな気がしてくるのです。いいところは、どんどん口に出して相手に伝えましょう。

mission 8

かわいいあだなをつける

■「熱血くん」「○○星人」「プンスカちゃん」など自分のなかで、ピッタリくるあだなをつけ、心で呼びましょう。悪口ではなく、ちょっぴり愛情が感じられるものを。

mission 9

相手の子供時代を想像する

■どんな人にも子供時代があったと思うと、ほほえましくなるもの。「どんな子供だったんだろう」「いじめられた？」「悪ガキだった？」とあれこれ想像すると許せてしまいます。

mission 10

「過去」のこだわりを捨てる

■相手の嫌な過去は、すべて忘れてしまいましょう。「あの人は以前、あんなことを言ったわ」なんて思い出すと、自分の心が汚染されることに。過去にこだわると、未来を失くしてしまいます。

11

どんなことも「あっさり言える自分」になる

——言いにくいことを、上手に相手に伝えるコツ

言いにくいことは、できれば、言いたくないものです。

◇仕事ができて、強運になる習慣◇

42

言いにくいことは「にっこり・あっさり」を習慣づける

●ほとんどは、笑って済ませられること。

会議や会話などで「にっこり・あっさり」を続けているうちに言いやすくなってきます。「どんなこともあっさり言える自分」を、自分にも周囲にも慣れさせることが大事。場合にもよりますが、ほとんどのことは、前向きに「そういうことなので、よろしく（お願いします）」で済ませられること。そして後に引きずらないことです。

相手の気持ちを考えると、言えなくなったり、「こうしてほしい」と言いたいのに、拒絶されるのを考えて、ためらったり……という経験は、だれにでもあるのでは？

でも、仕事をしていると、言わなきゃいけない場面は必ず出てきます。忠告しなきゃいけないとき、歓迎されない報告をするとき、言いにくい要望を伝えるとき、ギャラや料金などお金のことを聞くとき……いろいろな場面があるでしょう。

言いにくいことは、ほとんどが「大事なこと」です。

だから、あまり考えすぎず、自信をもって、あっさりと言ってしまいましょう。ヘタな前置きや、言い訳はしなくてＯＫ。誤解のないように、わかりやすく言えばいいのです。

43 言いにくいことに、相手を思いやるひと言を忘れない

●相手の立場でも考える。

一方的に自分の立場や、自分の考えを押し付けるのではなく、「あなたも大変なのはわかる」「感謝している」など、相手への理解を示しましょう。すると、相手も、あなたの言葉を素直に聞けるようになります。ただし、相手のことを考えすぎると、あっさり言えなくなるので、ほどほどに。

44 言いにくいことは、できるだけ直接言う

●メールや第三者を通すのではなく、直接口頭で。

「メールだから言いにくいことも言える」という場合もありますが、口頭で言ったほうが誠意は伝わるもの。後で「言った、言わない」のトラブルを防ぎたい場合は、口頭で言った後、メールでフォローを。また、第三者に応援を頼むのは、深刻なときか最終手段。他人が加わると、話がややこしくなるので、できるだけ一対一で。

仕事なんですから、深刻になる必要もありません。思いつめて、意を決したように言うと、重たい空気になって、よくない方向に進んでしまいます。言いだすタイミングを逸すると、余計言いにくくなることに。相手にある程度、嫌な思いをさせるのは「仕方がない」と覚悟しましょう。

もし、相手の顔色が変わっても、「しょうがない」と割り切って進むことです（あまりにも深刻な状態であればフォローもあり）。

そして、普通の口調で「お互いのため、仕事のために言っている」という前向きな誠意を見せるのです。敵対や軽蔑など、否定的な気持ちを含んでいる場合は、言われた相手は素直に聞き入れることができません。

結局、人は「なにを言われたか」ではなく、「だれに言われたか」で納得するもの。いちばん大事なのは、日頃の信頼関係かもしれません。

12

「部下や後輩に、注意しにくい！」ときの7つの方法

——相手が素直に言うことを聞くポイント

1 「どうしたの？」と相手の言い分を聞く

いきなり注意するのではなく「どうしたの？あなたらしくないじゃない」などと、「疑問」から入って、相手の言い分を聞く。歩み寄ることで、相手も素直に。

2 「ここがダメ」ではなく「こうしたら、もっといい」で話す

否定するより、まず相手を肯定する「ほめ」から入り、「さらに、こうするといい」という言い方が受け入れられやすい。最後は「期待している」などポジティブに締めくくって。

3 「あなたは〜」でなく「私は〜してほしい」と一人称で伝える

「あなたは、報告をしてくれない」と責めるのではなく、「私はあなたに、もっと報告をしてほしい」と「私」を主語に伝える。「どうなってほしいか」期待を示すことが大事。

4 「がんばって」ではなく一緒に考える

「がんばって」というのは、突き放した言い方にも感じられることも。「一緒に考えよう」という姿勢だと、頼もしく感じられ、前向きに進みやすい。

5 「どうしたらいいと思う？」相手にも答えを出させる方法もあり

相手のミスやできていない点を理解させた上で、「では、どうする？」と自分で考えさせる。人から押し付けられたことでなく自分で考えたことは、遂行しようと努力する。

6 ユーモアでオブラートに包む

それほど深刻な問題でなければ「おばかさんね」「こらッ、許さないわよ」など、愛情をこめたユーモアで包むと、お互いに気がラク。相手も救われたような気持ちになるはず。

7 相手がやりそうな失敗には、事前にくぎを刺す

注意する事態になる前に、起こりそうなことは、「大丈夫だと思うけど、気をつけて」と、予防線を張っておく。ただし、やり過ぎると自分の頭で考えなくなるので注意。

13

「ほめ言葉」は生きる力を与えてくれる魔法の言葉
——ほめられれば、だれでもやる気を出して動く

「女房ほめればよく尽くす。亭主立てればよく稼ぐ」

とは、永六輔さんの言葉。「亭主を立てる」ことも、「ほめる」と似たようなもの。

これは夫婦関係だけではなく、友人関係、上司と部下、同僚など、すべてに当てはまる人間関係の本質をつく言葉だと感じるのです。

だれだって、自分のことをほめてくれる人は大好き。自分の価値を認めてもらえると、相手のことも認めよう、相手を大切にしようと思います。

そして、ほめられたことで、やる気を出して動きます。

だれだって、ほめられて成長するのです。「あなたならできるよ」と言われたら、その気になり、「よくやったね」とほめられたら、次の段階をめ

★「ほめ上手」が実行している「ほめ・8つのテクニック」

Technique!

1 あたりまえのことをほめる

「あたりまえのことをあたりまえにできる」人こそ、尊敬に値します。すぐに電話を返してくれること、時間を守ること、無欠勤……そんなこともほめて。一生懸命がんばっている相手へのねぎらいにもなります。

2 同じことを何度もほめる

本当にすばらしいと思う点は、何度もほめましょう。何度ほめられても、悪い気はしないもの。ほめ言葉と一緒に、期待を込めて「あなたなら、～できる!」を繰り返すと、暗示効果があり、本当に成果が出るものです。

3 「成果」ではなく「プロセス」をほめる

成果が出てからほめようとすると、なかなかほめる機会がないもの。「よくがんばっている」「その方法はいいね」など、経過のなかでいい部分を見つけることです。

4 持ち物などではなく、本人をほめる

「そのバッグいいですね」ではなく「○○さんのセンスを見習いたい」「△△さんの個性とピッタリ合う」など、本人をほめるほうが、ほめ効果大。

5 ライバルもほめる

仕事のライバルまで、ほめられたら、ほめ上級者。自分にない点、相手の努力も素直に認め合えると、良きライバルになります。

6 本人のいないところでほめる

ときには、直接でなく別な人との会話のなかで、ほめるといいでしょう。「□□さんがほめていたわよ」と言われると、さらに気分がいいものです。

7 ポイントを絞ってほめる

「報告書、よく書けていたわ」ではなく「あなたの報告書は、グラフが入っているから見やすい。パソコンが得意だものね」だと説得力があります。

8 「私は～思う」と一人称でほめる

「私は、あなたの丁寧な仕事が好き」「私は、あなたのそういうところって、すばらしいと思う」と、「私は」をつけてほめると、特別扱いをされたように感じます。

※やってはいけないのは、人と比較してほめること。「いちばんよくできていた」はいいのですが「Aさんに比べて、あなたはいいわ」では、Aさんを落とすために言われているようで、いい気分ではありません。比べられることでAさんとの関係が悪化することも。

ざし……。

「ほめ言葉」は、仕事に向かう勇気を与え、背中を押してくれる魔法の言葉です。

だから、相手の長所をいっぱい見つけて、ほめてほめて、ほめまくりましょう。どんな小さなことでも口に出して、慣れていって。

大事なのは、かねてから相手の「長所」を見るようにしておくことです。**急にほめようとしても、ほめられるものではありません。**本人も気づかない長所、一見欠点に思われる点までほめられたら、かなりの「ほめ上手」。

そして、人のいいところを見つめて生きていける「ほめ上手な人」は、本当に「幸運な人」だと思うのです。

14

断り上手になって、自分にやさしくなろう

——幸運になるためには、自分を大切にすること

「疲れがたまっているから、今日こそ早く帰って、ゆっくりしようっと」なんて思っているときに、上司から「今日、残業お願いできない？」なんて、魔のひと言。

そして、結局、断り切れず、残業をする羽目に……ということは、多くの人が経験しているでしょう。先輩や同僚から仕事を押し付けられて、なぜか自分だけ仕事がいっぱい……ということも。

断り切れない人というのは、おそらく、人に対して、とってもやさしいのです。

相手が困るかな？ どう思うかな？と考えていたら、断れない……。でも、人に対しては、やさしいけれど、自分に対しては、やさしくないのでは？ このような「自分さえ我慢すれば……」という「自己犠牲」が多くなるとストレスがたまったり、「どうして私ばかり」「私はこんなにがんばっているのに」と恨みがましい気持ちになってしまいます。

「幸運な人」であるためには、自分を大切にすることです。

様子を見て断ることも必要なのです。

まずは、頼まれたとき、断れる状況かどうかを判断しましょう。

お互い納得。すんなりいく「条件付き受け入れ方」

1 日時の変更：
「明日ならできますよ」

◇飲み会、ランチなどの断り方◇

●「残念！ 今日は用事があるので、また誘ってください」

●「今日のお昼は、仕事が残っているのでパスします」

あまり難しく考えず、相手が納得する理由をつけて「明るく」「軽く」でＯＫ。相手が傷つかないための嘘はいいけれど、「お金がなくて」「家族が病気で」など相手に心配をかけるような理由はＮＧ。「誘ってくださって、ありがとうございます！」など、誘ってくれた人への感謝の気持ちを示して。

ただし、しつこい場合は、「平日は早く帰りたいんです」などと、やんわり意思表示をするのもあり。

2 時間の延長：
「少し時間がかかっていいですか？」

3 部分的引き受け：
「ここまでならできます」

4 交換条件：
「代わりにこれ、お願いしていい？」
（仕事を押し付けてくる同僚に）

5 相手への相談にする：
「どの仕事を優先しましょう？」

上司の命令、緊急を要する場合、重要事項なら、やるしかありません。

でも、自分でなくてもほかにやれる人がいる、いまでなくてもいい、という場合なら、さっさと断っちゃいましょう。ただし、明るく、前向きであることです。

「すみませ〜ん、今日は習い事の日なんです。明日ならできますよ」

相手が納得する理由も付けて。相手に納得してもらうためなら、嘘でも無罪。

断るのに迷ったときは、次のフローチャートを参考にして。

15

「断り上手の秘訣」
——前向きに考えて条件付きで提案する

「断る」ためには、断れる立場かどうかが大前提。上司からの命令などであれば、さっさとやってしまいましょう。組織で働く場合、断れる範囲内の依頼であれば、「やりたいかやりたくないか」の私情ではなく、「できるかできないか」の現実的可能性、自分の許容範囲を優先させて判断しましょう。

「明らかにできない」仕事はすぐに断る、「ちょっと難しい」仕事なら、まずは、できる方法を前向きに考えて。**「断る」より「条件つきで提案する」のが「断り上手」の秘訣。**いずれにしても、時間をおくと相手に期待をもたせて失望させたり、迷惑をかけたりすることになります。できるだけ早く決断しましょう。

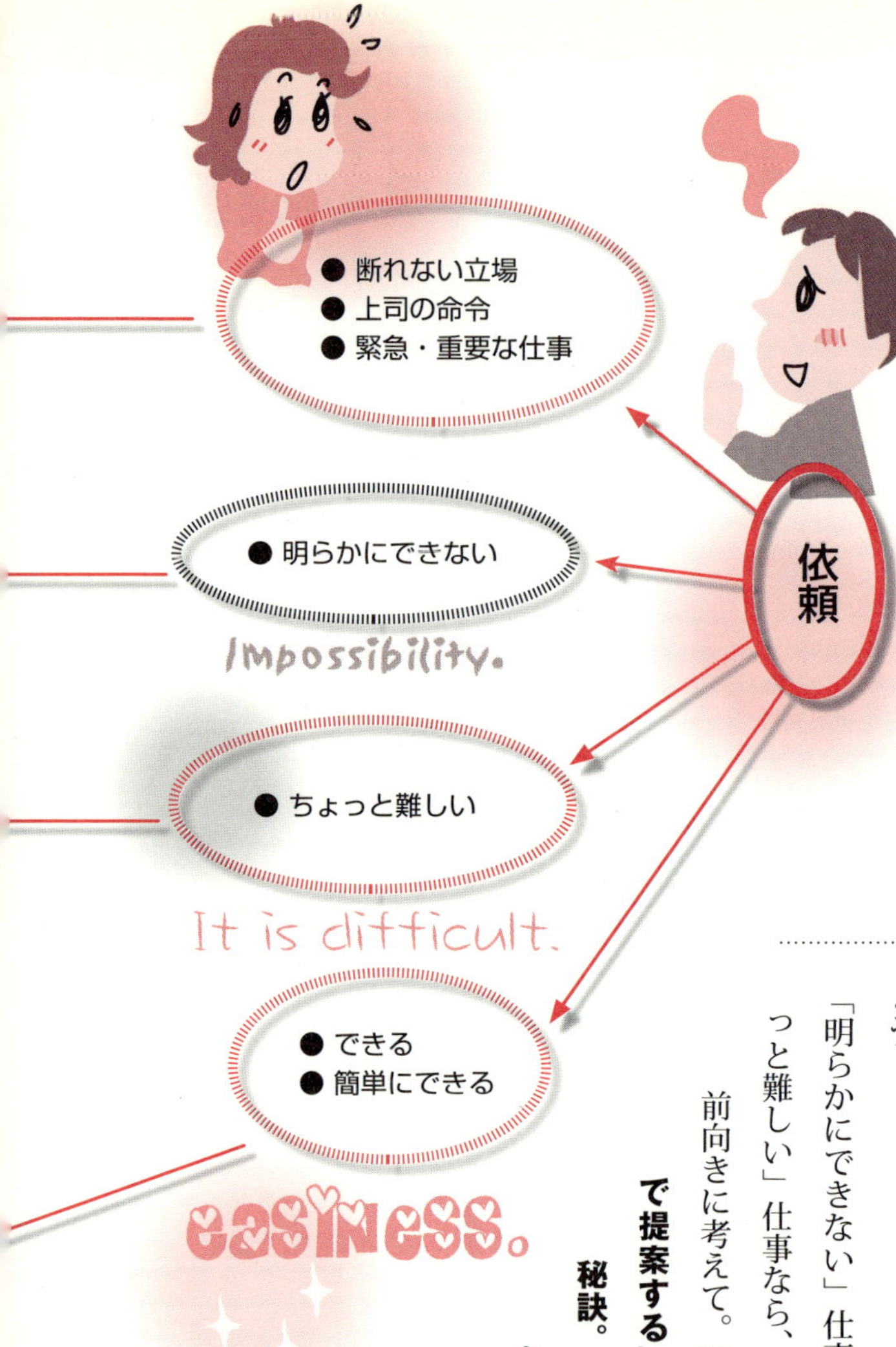

I UNDERTAKES IT.
気持ちよく引き受ける
I'm sorry,
I cannot do.
すぐに断る
できる方法を考える
「やはり、ちょっと難しい…」
条件つきで提案する
Conditional
「なんとかできそう」
気持ちよく引き受ける
I UNDERTAKES IT.

仕事の基本は、「先手」を打つ

いつも仕事を抱えて、忙しがっている人がいる一方、なぜか要領よく、いつの間にか仕事を終わらせて幸運を呼び込んでいる人もいます。

そのちがいはなんだろうと考えると、「後手後手」の仕事をしているか、「先手」を打って仕事をしているかの差なのです。

なにもかもが後手になっている「後手後手さん」は、仕事を与えられるままにこなしたり、なにか問題が起きてから解決するため、それを処理するのに時間がかかります。仕事が追い付かず、気持ちの余裕もない状態です。

先手を打つ人「先手さん」は、言われそうなこと、起きそうな問題を予測して対応しているため、問題は起こりにくく、それに時間をとられることもありません。前倒し、前倒しで、仕事の一歩先をリードしていて、余裕のある状態。

では、どうしたら、先手さんになれるのでしょう。

第3章

運がいいあの人の行動
見逃せない。

それは、先手さんの行動を真似ることからです。

身近にいる先手さんをモデルにして、同じような行動をとるのも手ですが、90ページの後手後手さん、先手さんの行動を参考に、これまでの習慣をちょっと変えてみて。

先手さんになり切って振る舞ううちに、いつの間にか、追いついていなかった仕事が少しずつ片付いて、早め早めに終わるようになっているはず。

仕事に振り回されるより、仕事をコントロールできる「先手さん」になりましょうよ。

強運な「先手さん」になろう

――不運な「後手後手さん」とは、こんなに差がつく

後手

受け身で仕事をしているため、あまり楽しくない

⇔

先手

能動的に仕事をしているため、仕事を楽しめる

次の仕事のことを考えていないので、使った資料や文具などが整理されていない。そのため、物を探すのに時間がかかる

⇔

次の仕事を考えて、資料や文具の整理をしているので、物を探すのに手間取らない

「忙しい、忙しい」が口癖。気持ちの余裕がなく、人のことまで目に入らない

⇔

忙しがる自分は絶対にイヤなので、決して「忙しい」とは言わない。気持ちの余裕があり、人に対しても気遣いができる

行き当たりばったりで、ミスが多く、二度手間、三度手間になる

⇔

先のことを見通して仕事をしているため、ミスがほとんどない

上司の性格、期待が読めないため、手直しが多く、認められない。そのためモチベーションも上がらない

⇔

上司の性格を把握し、期待を超える仕事をして、成果を認められている。モチベーションもアップ

いつもギリギリになって作業を始めて、ギリギリの期限で完了するため、ツメが甘い

⇔

余裕をもって作業に取り掛かり、前倒しで完了。仕事も完璧

提案をするとき、周りの反応を考えていないため、反対されたり、突き返されたりする

⇔

周囲の反応を予測し、根回しをしているため、提案が通りやすい

「今日も残業になるのかしら」と終業時間の認識が甘いため、結局、残業をすることに

⇔

「今日は、絶対に定時で帰る！」と、時間の枠組みへの強い意志をもっているため、その通りに実行する

自分のこれからのビジョンが描けず、不安になる

⇔

仕事の次のステップが見えていて、その方向に元気に前進している

気が進まない仕事は先延ばしにしているため、気がかりでストレスがたまる

⇔

仕事を選り好みせず、「すぐにやる」が基本。残した仕事もあまりないので、ストレスにならない

段取りに時間をかけないが、次々に必要な作業が出てきて、その都度対応し、結局、時間がかかる

⇔

段取りに時間をかけるが、スムーズに終了するため、最終的には時間がかからない

納期寸前の仕事をしているので、ひとつの仕事だけをやることになり、ほかの仕事に手が回らない

⇔

時間的な余裕があるので、いくつかの仕事を効率的に同時進行できる

自分の作業時間を把握できていないので、いつまでかかるかわからない

⇔

作業ごとにかかる時間を把握できているので「この作業は2時間で終わらせよう」と計画を立てられる

ついつい帰宅時間が遅くなって睡眠時間が少なく、いつも疲れた状態で仕事をしているので、仕事の効率が悪い

⇔

早めに帰宅して、たっぷり睡眠。いつも元気に集中力を発揮できる

勉強や情報収集の時間がなかなかとれない

⇔

自分への先行投資のつもりで、仕事につながる勉強や情報収集、人間性を深める学びに時間とお金をかける

スケジュールを作っても、いつも突発的な仕事で乱され、計画通りにいかない

⇔

突発的な仕事を見越して2～3割余裕をもたせた、スケジュールを作っているので、いつも計画通り

プライベートな時間は「仕事をして余った時間に」と考えているので、なかなかプライベートな時間がとれない

⇔

プライベートな時間は「仕事と同じぐらい大事な時間」と考えているので、生活や趣味、人と会う時間が充実している

01

「すぐやる人」になって、幸運を引き寄せよう

——「先延ばしグセ」をやめて「すぐやるクセ」をつける

仕事ができて運のいい人のほとんどは、「すぐやる人」です。

電話をかける必要がでてきたら、その場ですぐにかける、調べたいことがあったら、すぐに調べる、面倒なことほど、すぐに手をつける……。「カンタン、カンタン」「さっさとやっちゃおうよ」と、軽やかに仕事に取り組んでいます。

一方、仕事ができず、要領の悪い人のほとんどは、「面倒くさいな」「やりたくないな」「後でもいいか」と、「先に延ばす人」です。こんな人は簡単にできる仕事も、必要以上に難しく考える傾向があります。いつの間にか、やることがたまってパニック……という状態に陥ることも。**この「先延ばしグセ」を「すぐやるクセ」に変えることです。**遅かれ早かれ、やることになるのです。やらないままだと、気がかりだったり、忘れたり。なんにも、いいことはありません。だったら、先にやったほうが、絶対にいいでしょ？

「思い立ったがベスト・タイミング」。行動を起こすと、新しいチャンスもやってきます。

ただし、放置していても、いい場合があります。それは次の３つ。

１　状況が変わると、やらなくてもいい可能性がある

２　タイミングをみる必要がある

３　しっかりとした段取りが必要

やるべきことが発生したら、この３つの場合を除いてサクサクと片付けちゃいましょう。「すぐやるクセ」がつくと、仕事力が格段にアップ。気持ちにも余裕が出てきます。

◇仕事ができて、強運になる習慣◇

95

仕事の優先度は「好き嫌い」でなく「重要度」で考える

●「好きも嫌いも、仕事は仕事」と割り切る。

先に延ばす人の多くは、仕事をいちいち「好き・嫌い」で考えているので、なかなか行動に移せないでいるのです。でも「仕事は仕事」。好きも嫌いも関係ありません。もし仕事を優先するなら、その時点での「重要度」で判断していきましょう。「いま、なにをするべき？」と考えると、答えが出てくるはず。

96

5分以内に終わる仕事は「すぐやる」

●自分なりの「すぐやる」にかける時間を決める。

時間のかかる仕事も、すべて「すぐやる」を実行していたら、次々に発生する仕事に時間をとられて、肝心な仕事、予定していた仕事が終わらないことも。自分の基準で、5分以内（10分でもOK）の仕事は「すぐやる」と決めてしまいましょう。コピーなどの簡単な指示対応、電話連絡、書類送付など時間内でできることは、すぐ処理。

97

いますぐできない状態であれば「あとですぐやる」

●すぐにメモ、できる状態になってから「すぐやる」。

集中した仕事をしているとき、緊急の仕事をしているとき、打ち合わせが続いているときなど、5分でも中断できない場合もあります。そんなときは、目につくところに大きくメモして、一段落したときに、すぐに取りかかりましょう。なるべく保留事項を作らないことが大事。その日に発生した「TODO」は、その日のうちに処理するのが基本です。

02

仕事がぐんぐんはかどるデスク回りのポイント

——整理されたデスクが、運を呼び込む

自分を個人商店のマスターとするなら、デスク回りは商売をし、お金を生み出す、神聖な場所です。

「いい仕事をしよう！」と思ったら、まずは環境を整えること。

能力の高い料理人ほど、調理道具をきちんと整理し、調理台をきれいにしているといいます。

ぐちゃぐちゃな調理場からは、いい料理は生まれません。調理道具を探す時間が無駄だったり、作業スペースが狭くて作業がしにくかったり。

それと同じで、「ホッチキスの芯はどこだったかな」「書類がどこかに紛れ込んでいるはずなんだけど……」「机の上にいろいろあって、書類が広げられない」という状態では、効率も悪くなります。気持ちも引き締まりません。

特に、探し物をする時間は、いちばんの無駄。あるデータによると、探し物にかけている時間は1日25分、1週間で約3時間、1年で約150時間もあるのだとか。もったいない！　いい仕事を生み出すために、整理されたデスク回りは、必須なのです。

整理のポイントは3つだけ。

1　いらないものは捨てる
（100ページで詳しく説明）

2　必要なものは、すぐさま処理

3　カテゴリー別にまとめた所定の場所にしまう
（きれいな状態をキープする）

ね。簡単でしょ。この3つの流れができれば、気分もすっきり、作業も快適。

1週間で3時間、トクするかもしれませんよ。

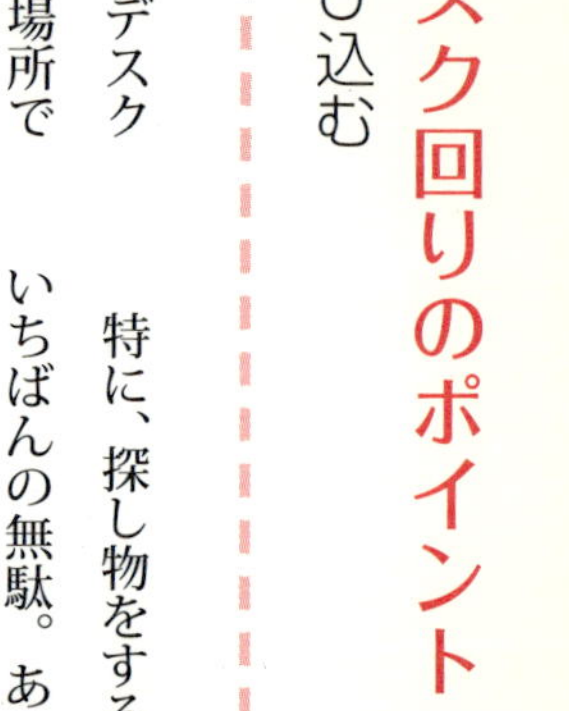

「必要なときに、必要なものが、すぐさま出せる！」

これが基本のデスク回り

※「とりあえずBOX」をつくる

「どこに置けばいいかわからない」「置く場所がない」というものを、そのまま放置しておくと、あちこちにモノが散乱している状態に。「とりあえずBOX」「とりあえずトレー」など使いやすい収納道具を利用して、まとめて保管しましょう。ときどき定期的に整理して。

●机の上には基本的になにも置かず、作業スペースを広くとる
レギュラーで置いていいのは、パソコン、電話、メモ帳、ペンのみ！

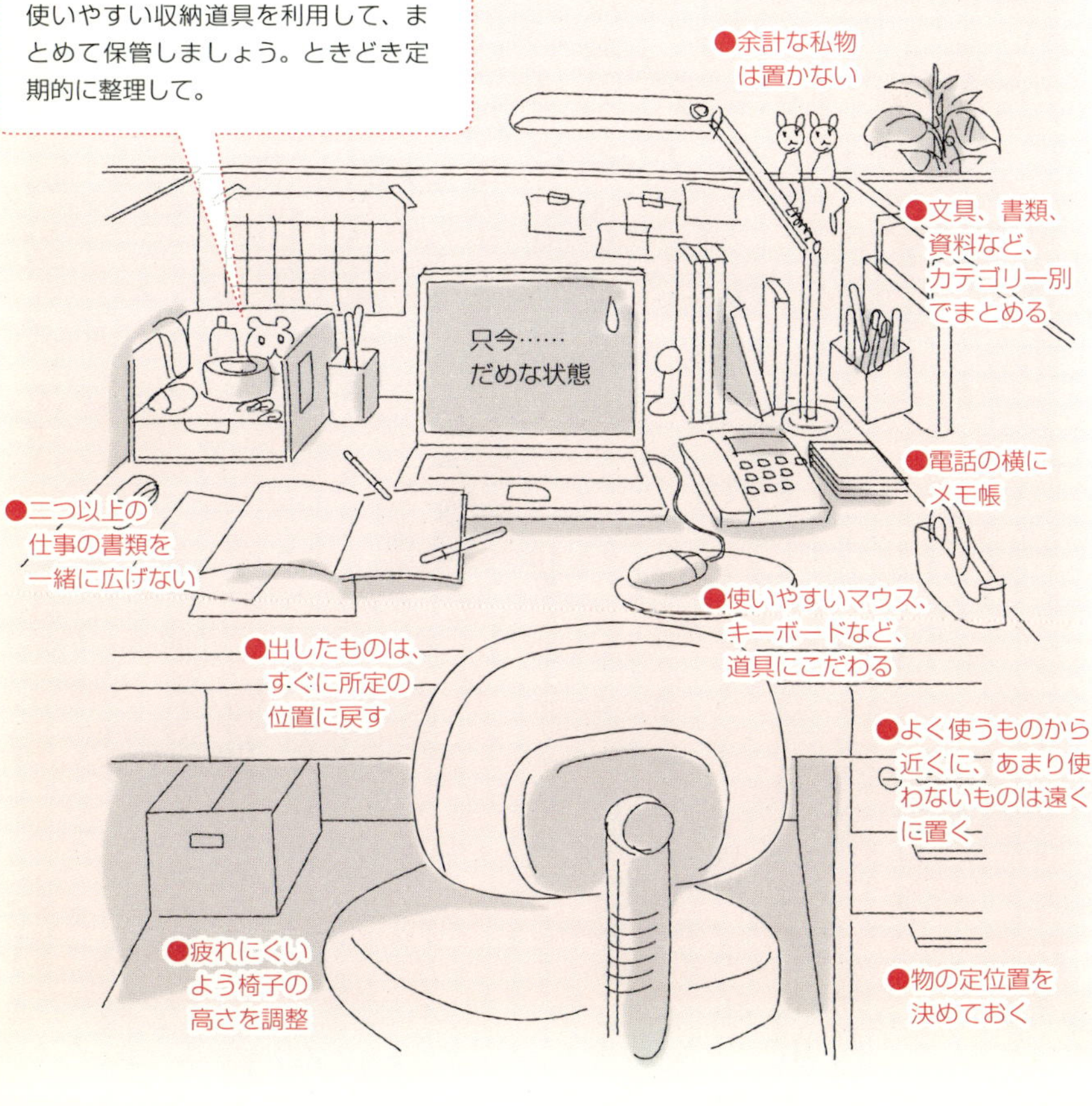
●余計な私物は置かない
●文具、書類、資料など、カテゴリー別でまとめる
只今……だめな状態
●電話の横にメモ帳
●二つ以上の仕事の書類を一緒に広げない
●使いやすいマウス、キーボードなど、道具にこだわる
●出したものは、すぐに所定の位置に戻す
●よく使うものから近くに、あまり使わないものは遠くに置く
●疲れにくいよう椅子の高さを調整
●物の定位置を決めておく

03

必要なときに、さっと出せる整理術

――書類整理・ファイリングの7つのツボ

1 パソコンにデータがあるものは、できるだけ「紙」に残さない

整理するためには、書類の量を減らすことが先決。書き換えた書類は、前の分を処分。ハードディスクやCD、メモリーカードなどに保存しているものも、できるだけ処分。後でインターネットで検索できる資料も、使用頻度が少なければ廃棄したほうがベター。

2 書類はカテゴリー別に分ける

企画書、報告書、参考資料、見積書、郵便物……後で取り出しやすいことを意識して、種類別に分類しましょう。さっと出せるだけでなく、書類をどこにしまおうか無駄に悩む必要もなし。使用頻度の高いものから近くに置いて、できるだけ作業の動線を短く。

3 「未処理」「保留」「処理済」で分類

仕事が増えると、書類も増えていきます。済んだ書類、済んでいない書類がごちゃごちゃになると、頭のなかも整理がつかないことに。手をつけていない「未処理」、進行中の「保留」、完了した「処理済」に分けて、使いやすいトレーやファイルで保管して。処理済は、その日のうちに所定の保管場所へ。

4 ファイリングの大きさをそろえる

大きさが統一されていると、整理がしやすく、見た目もきれい。ビジネスではA4のファイルがよく使われます。ファイルを立てたとき、高さがまばらの場合は「高い→低い」の順で。表面がでこぼこにならないよう、背表紙のラインをそろえて。

5 ファイルは立てて並べる

ファイルを重ねていくと、探しにくく取り出しにくく、書類の山が、なだれ状態……ということも。ファイルは横積みせず、必ず立てて並べましょう。クリアファイルは、ラベルをつけて書類立て（ブックスタンド）に。

6 タイトルは見やすく

ファイルのタイトルは、だれが見てもわかるように、はっきりと見やすい場所に（表紙と背表紙2箇所）。未処理の書類など一時的な保管場所としてクリアファイルを利用する場合は、ラベルシール、ポストイットなどでタイトルをつけるとわかりやすい。

7 定期的に、どんどん捨てる

2～3カ月に1度、定期的にチェックして、「もういらない」と感じたら、どんどん処分。「いつか必要になるだろう」と書類を残していると、本当に必要な書類までもが埋もれてしまいます。個人情報、機密情報などはシュレッダーにかけて。

◇仕事ができて、強運になる習慣◇

48 出社したときに、机の上を拭く

●水拭きで空気を浄化して仕事をスタート

「水拭き」は空間の滞ったエネルギーを浄化してくれます。ホコリや手垢は思った以上についているもの。忙しいなか、水拭きするのは大変と考えがちですが、一瞬でできることです。机のなかにウェットティッシュを常備しておいてもいいでしょう。仕事を始める前にクセづけると、空気も気分も清々しくなるはず。

49 お気に入りの文具をもつ

●お気に入りのものは、なくしにくい。

特に、よく使うボールペン、マーカー、メモ帳、ノート、ポストイット、クリップ、ファイルなどは、デザイン、使いやすさにこだわって。大切にしていれば、なかなかなくさないものです。私物なら、職場にふさわしい範囲で、自分らしさを演出してもいいでしょう。会議室などに置き忘れても「これ、○○さんのじゃない?」とすぐに返ってきます。

50 文具の補充、消耗品は必要な量を早め早めに

●なくなってからの後手行動では、運気がダウン。

勢いよく仕事をしようとしても、「コピー用紙が切れている!」「ちゃんとインクが出るマーカーがない!」「資料をまとめるファイルがない」という状態では、出鼻をくじかれてしまいます。仕事がスムーズに流れるように、文具や消耗品は、適量を補充しておきましょう。「なくなってから」ではなく、「早め早め」が原則。プライベートでもこの原則を心掛けていると、不思議と前向きな気持ちになってきます。

51

たとえ物が見つからなくても、深追いしない

●「そのうち出てくるでしょう」と応急処置。

5分ほど探しても見つからないなら、次の手を打つことです。いつまでも探し続けると、やみくもに時間が過ぎてしまうことに。「そのうち出てくる」と構えて、文具なら代用品、書類なら新規に作って対応しましょう。文具をなくしやすい人は、ストックをもっておくのも手です。

※「あるものが消えてなくなるハズはない！」物を探す4ステップ

◎ステップ1
まずは、いきなり探し始めず、一呼吸おき、ありそうなポイントを探す

◎ステップ2
最後に確認した時から現時点までの記憶をたどり、動線を探す

◎ステップ3
なにかの下、なにかの中……目に見えていない、死角になっている場所を探す

◎ステップ4
最後に、空間を端から端まで、なめるように探す（大抵は、ここまでする必要なし）

★何度も同じ場所を探しても無駄。これでだめなら、とりあえず、あきらめて次のことをしましょう。

52

しばらく席を離れるとき、帰社するときは、デスクを整頓

●きれいなデスク回りをキープ。

長時間、席を離れるときの儀式として、毎回、整理整頓。仕事で必要なことが出てきたときに、だれが引き出しを開けても大丈夫なように、表面だけでなく、引き出しのなかもきれいに。整理整頓は、気分を穏やかに、前向きにしてくれる効果もあります。気分が乗らない、イライラするというときも、整理を5分ほどすることで、すっきりした気分に。

04

身の回りにある物の半分は捨てられる
——どんどん捨てて、すっきりした環境で仕事する

整理でいちばん大事なことは「捨てること」です。放置しておくと、身の回りの物はどんどん増え続けます。

職場での「捨てるべき」理由は……。

★必要な物がすぐに取り出せず、探し物に時間がかかる。物をなくしやすい
★物が多いと整理がつかず、見た目にも悪い
★作業の広いスペースがとれず、作業効率が悪くなる
★多くの物を管理できず、存在すら忘れてしまう
★本当に必要な物、重要な物がわかりにくくなる
★物が整理できていない環境では頭の整理もつかない。緊張感を保てず、だらけてしまう

まずは「物が増える→仕事の生産性が落ちる」という反比例の図式を認識することです。また、

「捨てる」8カ条

1 「いらない！」「なくても困らない」と感じたら、その場で捨てる
2 あふれていたら、捨てる（引き出し、棚、本棚、ロッカーなど）
3 壊れた物、破損した物は、捨てる（修理可能なら修理する）
4 使っていない、使うアテがなかったら、捨てる
5 たくさんある物は、1つ残して捨てる（パンフレット、資料など）
6 新規ができたとき、古い物は、捨てる（書類、名刺、電話帳など）
7 存在すら忘れていた物は、捨てる
8 後で簡単に手に入る物は、捨てる

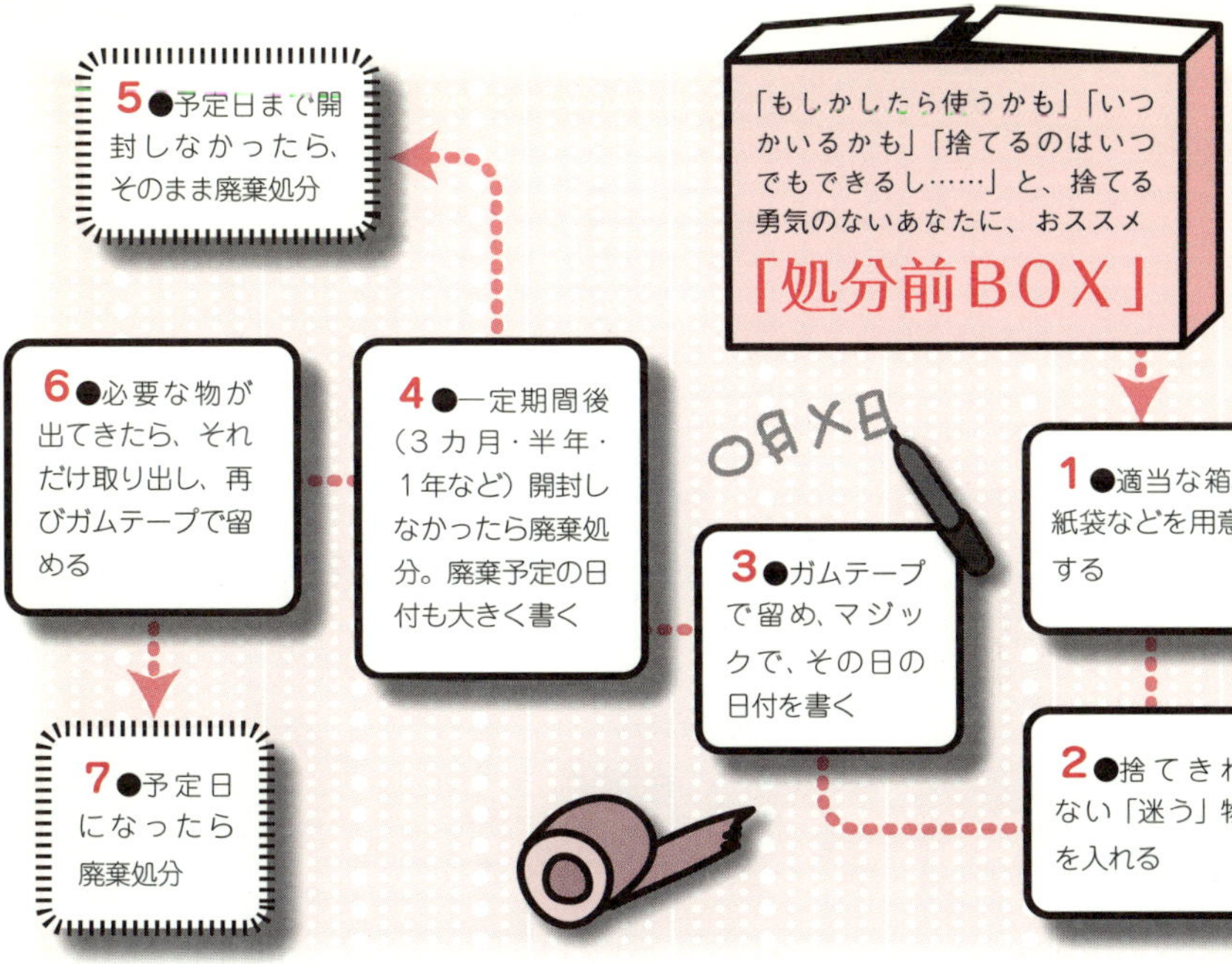
「もしかしたら使うかも」「いつかいるかも」「捨てるのはいつでもできるし……」と、捨てる勇気のないあなたに、おススメ
「処分前BOX」
1●適当な箱、紙袋などを用意する
2●捨てきれない「迷う」物を入れる
3●ガムテープで留め、マジックで、その日の日付を書く
○月×日
4●一定期間後（3カ月・半年・1年など）開封しなかったら廃棄処分。廃棄予定の日付も大きく書く
5●予定日まで開封しなかったら、そのまま廃棄処分
6●必要な物が出てきたら、それだけ取り出し、再びガムテープで留める
7●予定日になったら廃棄処分

新しい物を入れていくためにも、古い物を捨てる必要があるのです。

勇気を持って、さっぱり捨てちゃいましょう。プライベートでの「捨てる」基準は、「自分に合うか合わないか」「高価か安価か」「好きか嫌いか」など、いろいろありますが、職場での捨てる基準は、「必要か不必要か」、それだけです。

整理するときは**「いる物」「いらない物」「迷う物」に3分類してみるといいでしょう。**

「いる物」は整理する、「いらない物」は捨てる。問題は、「迷う物」ですが、迷ったときは、上記の「処分前BOX」をつくるといいでしょう。また、「捨てる」のと同じぐらい大事なのは「新しく物を増やさない」こと。無駄に書類を作らない、不必要な文具を買わない、いただき物は持ち帰るなど、経費節約&空間節約のエコな職場を目指して。

仕事もプライベートも「物を捨てたら幸運になる！」

53 3秒で捨てる

●直感が正解。迷い出したらダメ。

一瞬「いらないよね?」と思っても、3秒以上たつと「いや、ちょっと待てよ。もしかしたら……」という気持ちが湧き上がってきます。でも、ほとんどの場合「もしかしたら」はないのです。万が一あったとしても、重要書類でなければなんとかなるもの。すぐに決断するクセをつけましょう。

54 郵便物はすぐに開封して処理

●ダイレクトメールはゴミ箱、あとはすぐに処理。

会社であれば、必要な書類は、ファイリングしたり、担当者に回したりして処理。いらないものは、その場で捨てます。マンションやアパートなどの自宅であれば、ダイレクトメールは、すぐさま近くのゴミ箱へ。不要なものを玄関から内側に持ちこまないのも、物を増やさないコツ。

56 思い出の品は写真に残す

●捨てたいけれど捨てられないときの奥の手。

小さいころから持っている人形、一時期ハマって集めたコレクション、人からもらったプレゼントなど、「もういらないんだけど、なかなか捨てられない」という物は、デジカメで撮ってみて。「思い出の品」として、写真で見られることで、安心して、あっさり捨てられるものです。お試しあれ。

55 「○カ月（○年）、使わなかったら捨てる」と決める

●種類別に期間を決める。

洋服なら1年または2年着なかったら捨てる、靴は1年履かなかったら捨てる、手紙は1年で捨てる、化粧用品は半年、雑誌は3カ月……というように、一定期間使わなかったら捨てます。リサイクルやフリーマーケット、友だちとの物々交換も利用して、物が循環するしくみを作りましょう。

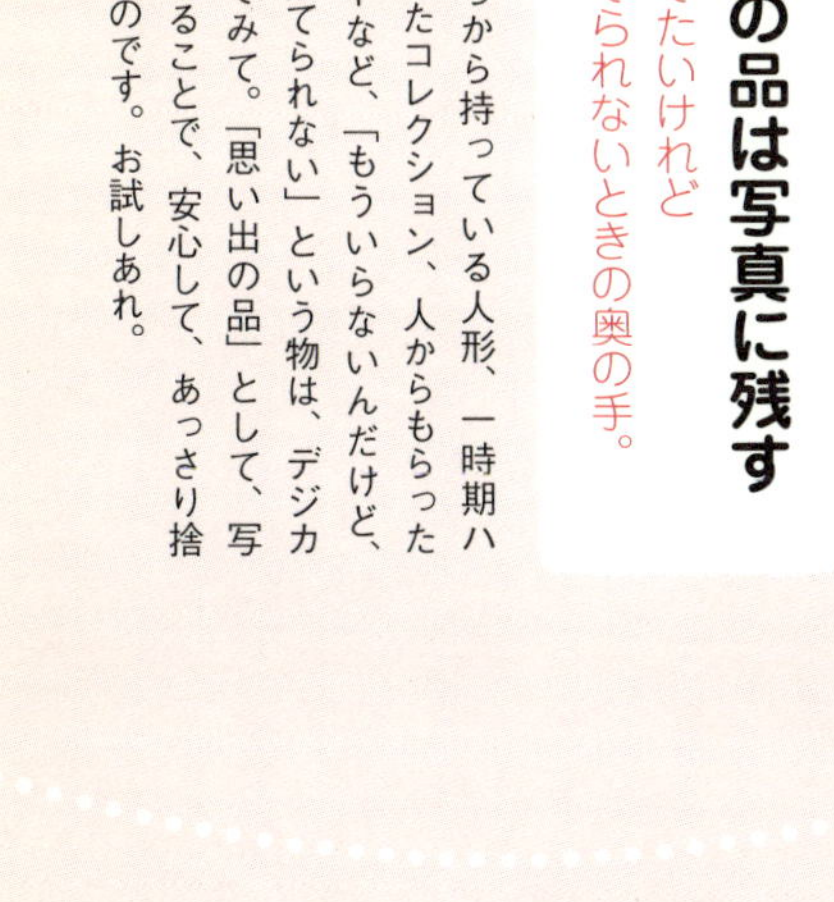

05

自分の頭の中を整理するようにパソコンを整理する

――パソコンのデータ整理は、重要かつ必須の仕事

ファイリング棚にずらりと並べられていた書類のほとんどが、パソコン内のデータになった今日、パソコンのデータ整理は、重要かつ、必須の仕事といっていいでしょう。

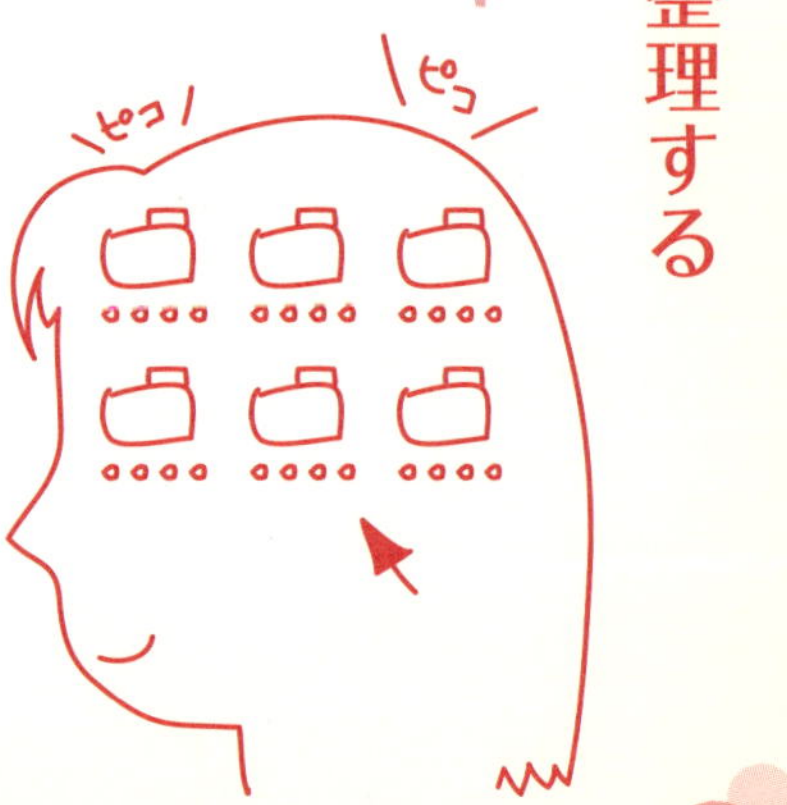

パソコンのデスクトップにたくさんのファイルがごちゃごちゃ並んでいたり、どのフォルダになにが入っているかわからない状態ではタイヘン。

「あれ？　あの資料、どのフォルダに入っていたっけ？　まさか削除してないわよね」

と、探すのに手間どることになってしまいます。

パソコンの中を整理することは、頭の中を整理すること。

パソコンの「ドキュメント」や自分で作ったフォルダ内に、「企画書」「見積書」「書類フォーマット」

◇仕事ができて、強運になる習慣◇

57

デスクトップは最小限のファイルにする

●ファイルは必ずフォルダ内に。

デスクトップにたくさんのファイルを貼り付けていると、探すのにも手間がかかります。特に似た文書が多い場合は、ファイルを全部開いて探すことに。デスクトップには、最小限のショートカット（インターネット、メール、文書作成のソフトなど）と、進行中のファイルだけを残して、ファイル所定の場所にしまいましょう。

58 10秒以内に取り出せるタイトルにする

●日付と、だれが見てもわかりやすいタイトル。

「090727S社『○○プロジェクト』企画書」など、自分が休んだときでも、だれが見てもデータを見つけられるタイトルにしましょう。2009年7月27日の文書であれば「090727」など、最初に日付を入れると、フォルダ内で新しい順に並び、見つけやすくなります。書類を上書きしたら、タイトルと日付も変更して。

59 バックアップの癖をつける

●次ページに移るときは、必ず「保存」

ちょっとしたアクシデントで電源が切れたり、開いているファイルが重くてフリーズしたり……ということは、よく起きること。ときどき「保存」するクセをつけましょう。「時間をかけて作った書類が消えた～」なんてことがないように。重要データは、パソコンがいますぐ壊れたとしても大丈夫なように、パソコン内部だけでなくハードディスク、USB、CDに保管するといいでしょう。

「取引先宛て書類」など、自分の頭を整理するように、フォルダを作っていきましょう。

「取引先宛て書類」のなかに「A社」「B社」「C社」……とサブフォルダを作るなど、自分なりにわかりやすい方法で整理して。

パソコンの整理も、基本的に、紙の書類の処理と同じ。常に「あるべき場所」に「あるべき物がある」状態にすることです。

ポイントは4つ。

1　新しいデータができたら、すぐにフォルダに移す
2　いらないデータは削除する
3　自分なりの「ルール」を決めて「流れ」を作る
4　だれが見てもわかるように「見える化」する

大事なのは「すぐやる」のと、自分なりの効率的な方法をルール化して、余計なことを考えずに、サクサクと処理できるようにすることです。

06

たまった受信トレイを一掃！　メール整理のルール

――4つのポイントでどんどん片づける

メールは次々にやってきて、いつのまにか受信トレイがいっぱいになってしまいます。

いらないメールも、読んだメールも、返事をしなきゃいけないメールもすべてごちゃごちゃという状態では、頭の整理もつきません。肝心なメールを探すのに時間がかかることも……。

メールの処理もまた、紙の書類、パソコンファイルの処理と同じです。

1　いらないものは、すぐさま削除

2　必要なものは、すぐさま処理

3　処理した後は、すぐさまフォルダに保存

というルールを流れにして、どんどん片づけていくこと。

その細かいポイントは次の4つです。

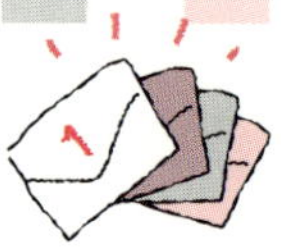

必要のないメールは削除

タイトルだけで不要とわかるものは開かずに削除。読んでも保存する必要のないものも、その場で削除。

パソコンのなかとはいえ、管理できる容量は限られています。メールデータもできるだけ、スリムアップしていきましょう。

また、不要なメールが来ないようにすることも大事です。読みもしないメルマガ、広告メールは登録解除しましょう。迷惑メールは、振り分け機能を使って、迷惑メールのフォルダに。定期的（毎日、1週間ごとなど）に「［迷惑メール］フォルダを空にする」で削除して。

2 受信トレイにはなにも置かず、相手先別のフォルダに分ける

送受信が多い相手先は、受信トレイ内に「A社」「Bさん」などフォルダを作りましょう。「A社からきた、あのメールが必要」「仕事の経緯を確認したい」というときに、探しやすくなります。イレギュラーなメールは「その他」にまとめて保管。

「読んだ」「返事を書いた」など処理済みのメールは、受信トレイから、フォルダに移動。受信トレイには、基本的になにも置かない状態に。

そのときだけ受信したメールだけなら見通しもよく、処理するべき新規メールが確実にわかり、整理もラク。「早く受信トレイを空にしよう」とモチベーションもあがります。

3 送信トレイにもなにも置かず、相手先別のフォルダに

送信トレイも、受信トレイと同じように、相手先別のフォルダに入れると、相互のやり取りが一目でわかります。

4 その日のメールは、その日のうちに処理

メールの処理は翌日に持ち越さないのが基本（夕方以降のメールは緊急でなければ翌日でもOK）。返事に時間がかかる保留メールには、フラグをつけるなど、すぐにわかるようにしておくと◯。

07

電話とメールに振り回されない！
——電話＆メールタイムをつくろう

忙しいときに限って、込み入った電話が入ったり、メールが入ってきて返事をかかなきゃいけなかったりで、「大事な仕事が進まな〜い！」という人も多いのではないでしょうか。

そうならないために、1日2〜3回、電話とメールを処理する「電話＆メールタイム」をつくりましょう。メールの返信が3〜4時間遅れたとしても怒る人はいません。緊急な要件であれば、電話をしてくるでしょう。

まずは「電話はこちらからかける」を基本ルールにしてしまいましょう。「そろそろかかってきそうだな」という人には、先手を打って。こちらの都合のいい時間にかけられて、相手からかかってくる件数が減るはずです。

電話代がかかったとしても、かけがえのない時間を得て、その分、生産性のある仕事をしているのですから、結果的にトクなのです。

気軽に電話ができる相手であれば、メールの返事も、電話でするほうが一瞬で終わるし、コミュニケーションも図れます。こちらからかけたほうが、相手にも好印象です。

たとえば「今度の打ち合わせはいつにしましょうか」というメールを送り、「○月×日午後、○月△日は終日空いています」「どちらも予定が入っています。別な日はありませんか？」など、時間と労力をかけてやり取りをしているよりも、電話で「打ち合わせ、いつがよろしいですか」と、ささっと話したら、2、3分で済むのです。

また、込み入った話をするときも、メールではなく、電話のほうが状況が伝わりやすいでしょう。

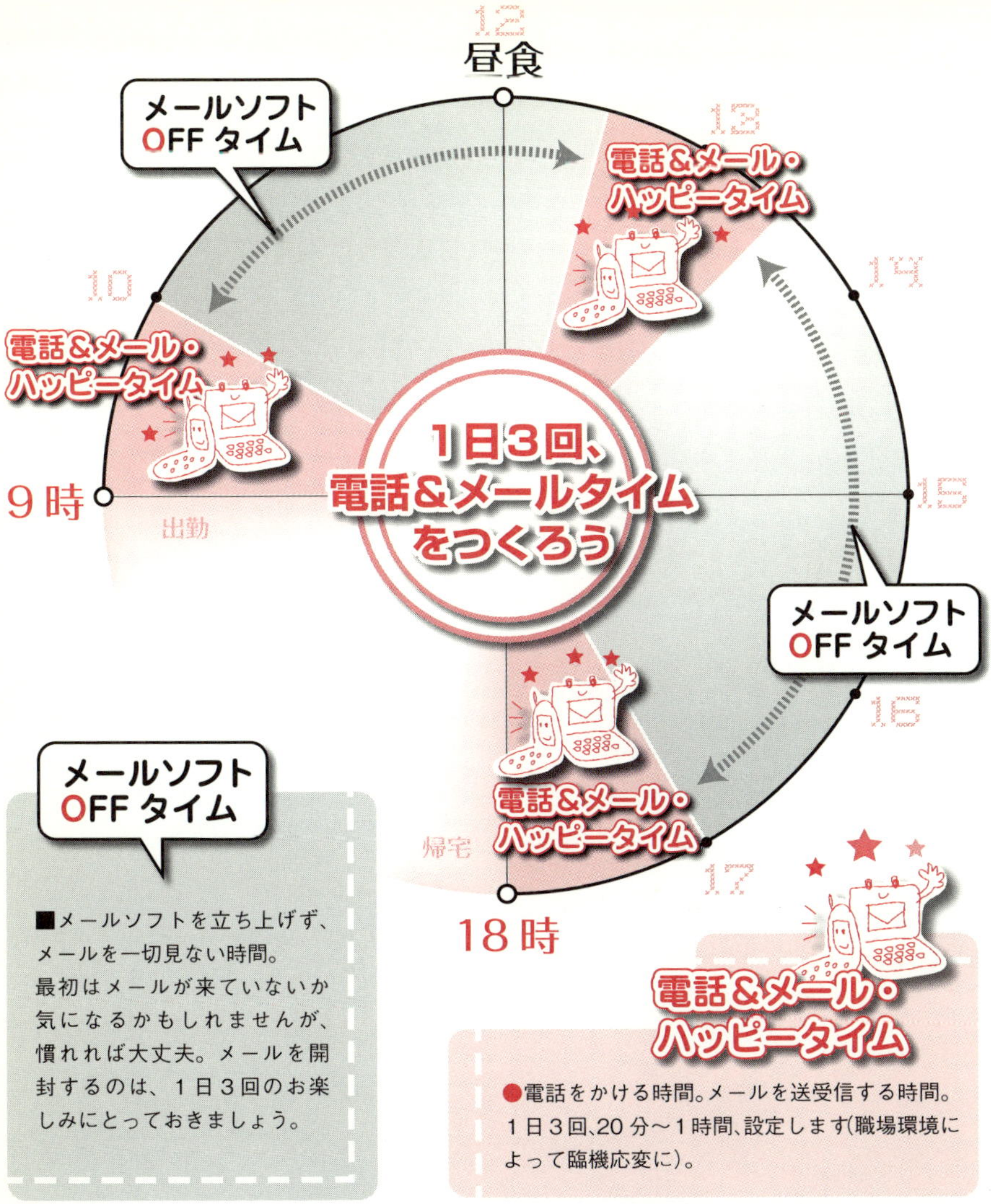

メールソフト OFF タイム

■メールソフトを立ち上げず、メールを一切見ない時間。
最初はメールが来ていないか気になるかもしれませんが、慣れれば大丈夫。メールを開封するのは、1日3回のお楽しみにとっておきましょう。

電話＆メール・ハッピータイム

●電話をかける時間。メールを送受信する時間。
1日3回、20分〜1時間、設定します（職場環境によって臨機応変に）。

ただし、電話は録音でもしない限り、記録に残らないという特性もあります。

残しておきたい重要事項は、後から「どういう話でしたっけ？」とならないように、確認点を追ってメールしておくこと。

電話とメール、特性を理解して柔軟に選択していきましょう。

60

電話がかかってきたら、積極的に出る

●お気に入りの人からのいい知らせかもと考えて。

会社にかかってくる電話は、従業員同士がけん制し合ったり、面倒くさかったりして、出たくない人もいるのでは？　でもだれかが取らなきゃいけないなら、真っ先に取りましょう。そして、せっかくとるのだから、明るい声で、最高の電話応対を。電話を積極的に取る人は、社内評価だけでなく、社外評価も高いものです。

61

メールを書く時間は1件5分以内と決める

●短い内容であれば3分以内、少し丁寧に書くなら5分以内にチャレンジ。

1つのメールを書く作業に、10分も20分もかかっている人はいませんか。メールは、短い文章で、簡潔に書けるようにしておきましょう。毎回、「相手はなにを知りたいのか？」と考えると、書く内容も明確になります。短い内容であれば3分、少し丁寧に書く必要があれば5分以内を意識して書くようにすると、そのうち時計を見なくても、時間内に返信できるようになります。同じ内容の文書が多い場合は、ひな型をつくっておくと便利。

62

最後に読み返して「よしッ」と声をかけてからメールを送信する

●少ないやり取りで済むよう、モレのない確実な内容を。

書いている内容にあいまいなところがあったり、書きモレがあったりでは、メールが何度も行ったり来たりすることになります。添付書類を付け忘れたり、CCで送るのを忘れて再送したり……というのも、よくあること。最初から最後まで、一通りチェックして、「よしッ」と完成を確信してから送信。連絡事項であれば5W1Hを押さえて。

63

電話がかかってきそうな人には、こちらから電話する

●気になることは、先手必勝。

そろそろ電話がかかってくる人は、なんとなくわかるもの。そんな人には、こちらから電話をしてしまいましょう。気になっていることも、すぐに電話して問い合わせ、ディナーのレストランもすぐ予約……というように、電話は、いろいろな課題をすぐに解決してくれる便利なツール。先手を打つのが、電話と仲良くする秘訣です。

64

プライベートでもメール送信タイムをつくる

●電話は先手、メールはリズムをつくる。

ビジネスメールと同じように、プライベートなメール、携帯メールも「来たら、即返さなきゃ」というのでは、その間、やっていることが中断したり、ペースが乱れたりしてしまいます。緊急の用事でなければ、すぐに返さなくてOK。帰宅したとき、寝る前など、送信タイムを決めておくと、相手もそのうち合わせてくれるようになります。

覚えておくと便利！　ビジネスメールのルール10

送信　アドレス　スペル　添付　セキュリティ　保存

差出人：

宛先：

件名：覚えておくと便利！　ビジネスメールのルール10

★★覚えておくと便利！★★

ビジネスメールのルール１０

■■■■■■■■■■■■■■■■■■■■■■■■■■■■■■

１　メールの宛先は敬称つきで送る

アドレスに「様」などの敬称入りで登録しておく

－－－－－－－－－－－－－－－－－－－－－－－－－－－－－－

２　複数に出すときはＣＣ、ＢＣＣの使い方に注意する

ＣＣは送信した相手をほかの人にも知らせたい場合、

ＢＣＣは知らせたくない場合

－－－－－－－－－－－－－－－－－－－－－－－－－－－－－－

３　件名は具体的に書く

名前ではなく用件を。同じ内容なら「Ｒｅ：○○」でもＯＫ

－－－－－－－－－－－－－－－－－－－－－－－－－－－－－－

４　メール１件につき用件は１つにする

作業を確実に、わかりやすくするために、別件は改めて

－－－－－－－－－－－－－－－－－－－－－－－－－－－－－－

５　返信するときは、受信した文書も残しておく

経緯が確認しやすく、最後のメールだけとっておけば

前のメールは削除できる

覚えておくと便利！　ビジネスメールのルール10

送信　アドレス　スペル　添付　セキュリティ　保存

差出人：

宛先：

件名：覚えておくと便利！　ビジネスメールのルール10

本文のテキスト　プロポーショナル

6　１行30文字程度で改行する

読みやすいように、区切りのいいところで改行。

適度に空白行を入れる

7　署名は必ずつける

社名、名前、連絡先は必須。線で区切ると見やすい

8　ｈｔｍｌ形式ではなく、テキスト形式で送る

ｈｔｍｌだと文字化けすることも。

テキスト形式に設定変更を

9　添付ファイルがある場合は、本文でも触れる

添付ファイルを見落としたり、開けなかったりする

場合もあるため

10　連絡メールにも「了解しました」と返信する

単純な連絡メールであっても、

相手は「見てくれたかどうか」が知りたい

(^_^)

08

「ホウレンソウ（報告・連絡・相談）」をマメにする
——こまめに何度も行うと信頼される

「上司となかなかコミュニケーションがとれていない」

という人は、「ホウレンソウ」をマメにすることです。

ホウレンソウとは、仕事を円滑にするための、上司・同僚との報告、連絡、相談のこと。「仲良くするために、コミュニケーションをとらなければ！」なんて、わざわざ努力しなくても、ホウレンソウの回数を増やして、その一回一回に心をこめることによって、単なる事務的な伝達が、「心の通い合い」になってきます。

ほとんどの場合、上司は、あなたのホウレンソウを待っています。

「おいおい、どうなってるんだ？」と言わせないように、早め早めに手を打ちましょう。

「ホウレンソウ」の基本は、3つの「め」。「早め」「こまめ」「短かめ」に。

報告・連絡は、上司の性質、職場環境にもよりますが、1回でドカンとするより、こまめに何度

◇仕事ができて、強運になる習慣◇

65

少しでも心配がよぎったら「確認」する

●「これで合っていますか？」で自信をもってGO。

仕事の節目、節目で、報告をすることは大事ですが、それ以外でも「これ大丈夫？」と不安を感じたら、なにかがストップをかけたということ。すぐに確認しましょう。「しつこい！」「そんなこともわからないの？」と言われても、不安な状態で進んだり、後で間違いに気づくより、ずっといいのですから。

66 相談は選択肢を絞り込んで、相手に選んでもらう

●相談は自分で考えてから。

相談相手と一緒に、一から解決していこうとすると、時間がかかります。自分である程度考えた案を出して「これでどうでしょう?」と確認すれば、「それでOK」と一言で終了。完ぺきでなくても、上司のアドバイスで修正できます。いくつかの案に選択肢を絞り込んで、選んでもらう方法も、時間短縮になり、「よく考えているな」と信頼を得られます。

67 「うまくいってます」「順調です」も報告する

●そのひと言で、上司は安心。

なにかあったとき、困ったときだけ報告すると、上司は話しかけられるたびに「なにかあった?」と構えることに。「うまくいっていること」こそ、上司が歓迎してくれる報告。長期の仕事であれば、なにもなくても、3日、1週間など定期的に報告しましょう。いい表情をプラスして。

もしたほうが、お互いに安心。細かい内容のときは、口頭で説明したあと、詳細は文書や図などを使って説明するといいでしょう。相手がわかりやすいように、論理的に説明することを心がけて。だらだら話すより、短くきっちりとしたほうが、相手に強くインプットされます（↓116ページ説明）。重要事項は、あとで「言った」「言わない」と、もめないように、前後にメールで送っておくのが鉄則。ただし、メールだけでは「見ていない」となる可能性もあるので「口頭+メール」で。

また困ったときは、迷わず「相談」して。自分だけで解決しようとするのは、時間と労力のロス。相談すれば、一瞬にして解決することも多いのです。相談は、相手を「心強い味方」にしてくれます。ためらわないで、問題が大きくなる前に相談しましょう。

09

論理的な伝え方を身につける
——相手の立場に立てば、難しくない

男性に比べて女性は、論理的な話し方が苦手だと言われます。これは原始時代から続いている、男女のコミュニケーションのちがいにも、理由があるようです。

Logical

男性同士は「狩りをするため」「商いをするため」「戦うため」といった「成果を出す」目的のために、指示や命令、伝達といったコミュニケーションをとってきました。

それに対して、街や農村で協力し合って生活してきた女性同士は、「仲良くする」「助け合う」のが目的のコミュニケーション。共感し合いながら、終着点のない話をすることで、つながってきたのです。感性豊かなのも、女性の話し方の特徴。

このような話し方は、相手と仲良くしようとするとき、五感に訴えて人を動かすときに有効ですが、目的を確実に遂行するためのビジネスシーンでは、不十分な面もあります。「話があちこち脱線して、なにが言いたいのか、わからない」「話のポイントがつかめていない」ということは、よ

「きみの話はわかりやすい！」と言われる 論理的な伝え方・7カ条

Good!

1 最初に数字や時間を言う

報告やプレゼンなどで、まとまった話をするときは「5分ほどお時間をいただけますか」「案を3つ考えてみました」など、最初に具体的な数値を示すと、聞くほうも心構えができ、ポイントを押さえながら聞けます。

2 「結論→原因→経過・詳細」の順で伝える

結論が最後だと、聞く人はその途中が「なんのために」話しているのかわからずに聞き流し、「もう一回言って」ということに。最初に結論から言うと、相手も集中して聞けます。次は「なぜなら～」「というのは～」でつなぎ、詳細や経過は最後に。

3 ポイントを整理して話す

話す前に「相手はなにを聞きたいのか?」「どんな質問が予想されるか?」をシミュレーションして話のポイントを整理しておくといいでしょう。ひとつのセンテンスを短くして、余計な話を入れず、シンプルに。

4 5W1Hを押さえる

報告や連絡、プレゼンなどで説明をするときは、5W「Who（だれが）」「What（なにを）」「When（いつ）」「Where（どこで）」「Why（なぜ）」、1H「How（どうやって）」のポイントを押さえること。

5 「なにをしてほしいか」を明確に

相手に要望があるときは、はっきり伝えて。報告だけして、相手が「～してくれるだろう」と期待しても、その通りに動いてくれるわけではありません。相手も「どうすればいいか」がわかると安心して動けます。

6 事実と意見は、分けて話す

事実と意見を一緒に話してしまうと、事実への説得力が欠けます。事実は事実だけで話し、最後に「これからは私の意見ですが～」「これは私の考えたことですが～」と切り離して伝えましょう。

7 具体的な数値を入れる

「たくさん」「少し」「多め」などのあいまいな表現ではなく、数量、時間、距離、長さや大きさなど、聞き手が想像しやすいように具体的な数値を入れましょう。統計やアンケート、「10人中8人が賛成でした」など多数決の原理も有効です。

くあること。「すっごく」「たくさん」など、ついつい感覚的な表現になりがちだったり、事実でなく個人的な感情を中心に話をしていたり。

「できる女性」を演出するためには、論理的な話し方を身につけること。

「論理的」というと難しく感じられるかもしれませんが、筋が通っていればいいのです。話をシンプルにして、ポイントさえ押さえればOK。慣れれば難しいことではありません。

話し方でいちばん大切なのは、相手の立場に立った話し方であること。相手の目線で「なにをいちばん知りたいのか」「どのように言えば、わかりやすく伝わるか」を考えると、自然に論理的な話し方になってきます。

話し方を変えれば、不思議と考え方まで論理的になってくるものです。上の「論理的な伝え方・7カ条」を参考に、ぜひお試しを。

「段取り上手は仕事上手」仕事は準備次第！

段取り8分」といわれるように、仕事は段取り次第です。

そして、段取りは「想像力」によって決まると言っていいでしょう。

たとえば週末、家族や恋人、友人……ゲストのために夕食を作るとしましょう。

「メニューはグラタンとサラダにしよう」と決定して、まずは材料をリストアップ。

「野菜は駅近くの八百屋さんが新鮮だから、会社帰りに寄っておこう」

「午前中、野菜の下ごしらえをしておけば、夕方ラクね」

「前日の夕食や、当日の昼食とかぶらないようゲストにメニューを伝えておこう」

……といろいろな想像がわいてきます。

もし当日になって「今日は、なにを作ろうかしら」という状態だと、材料がそろわなかったり、途中で調

第4章

残業しなくても結果を出す

味料が足りないと気づいて買いに走ったり、いつまでも時間がかかったり。なかなか思い通りの料理が作れないこともあります。

行き当たりばったりだと、無駄やロスが多いのです。同じように、段取りができていないと、仕事はガタガタ。仕事を始めるときに、いきなり取りかかるのではなく、まずは、しっかり「段取り」に力を入れましょう。

段取りに少々時間がかかったとしても、トータル時間にすると断然、短かく、大きな成果をあげられるのです。

01

「Why?」「What?」「How?」の順で考える
——「出発点の確認」→「到達点のイメージ」→「道のりのイメージ」

GAN GAN 仕事をガンガン進めていく「段取り」のステップ

①出発点（目的）を確認して、
②到達点（完成形）をイメージ。
③その道のり（やり方）を考える

というステップ。

大きなプロジェクトから、小さな日常業務まで、なんでも使える方法です。課題が出てきたら、このフローチャートを紙に書いて、頭のなかを整理しましょう。

出発点

① 目的・課題
「なんのためにするのか？（Why?）」

目的をはっきり確認する

道のり

③
完成までの
手段・方法
「どんなふうに
するのか
（How?）」を
決める

④「TO DO」をリストアップ
（時系列に）

⑤ スケジューリング

- □ ______（　月　日までに実行）
- □ ______（　月　日までに実行）
- □ ______（　月　日までに実行）
- □ ______（　月　日までに実行）
- □ ______（　月　日までに実行）

到達点

② 完成形
「どんなものにしたいのか（What?）」

目指す状態を具体的にイメージする

段取りステップ

1 【目的の確認】

「この仕事はなんのためにするのか（Why?）」

目的をはっきりさせる。

（目的によって、完成形、やり方がちがうこともあります）

2 【完成形のイメージ】

「この仕事をどんなものにしたいのか（What?）」

完成形を具体的にイメージする。

〈例〉雑貨販売店で、「顧客、取引会社への年賀状を作成、郵送する」という仕事をするとしましょう。

1【目的の確認】

・日頃お世話になっている会社、人への新年のご挨拶、お礼

・新年の、お客さまとの話題にしたい

・お客様に来店してほしい

2【完成形のイメージ】

・たくさんの年賀状のなかから「あれ！」と目を引くインパクトのあるデザイン

⇒スタッフの体文字でつくった年号「2010」と、ジョークの利いたコメント

・来店させる仕掛け

⇒「福袋・さらにお得な20％OFF券」「粗品引換券」をつける

◇仕事ができて、強運になる習慣◇

68

仕事を「Why?」「What?」「How?」の順で考える

●「なんのためにするの？」「どうしたいの？」「どんな方法で？」

仕事でいちばん初めに考えるのは①「なんのためにするのか？」ということ。たとえば「顧客リスト」を作るという作業でも、「案内状を発送のため」「顧客管理のため」「統計をとるため」など、目的によって作り方、必要な情報は変わってきます。そして、②「完成形」をはっきりさせ、その③「やり方」を決める……この①、②、③の順に考えるクセをつけましょう。

3
【やり方の選択】
「どんなふうにするのか(How?)」
完成までの手段・方法を決める。

4
【TODOのリストアップ】
そのために必要なことを時系列に挙げる

5
【スケジューリング】

3【やり方の選択】
・デザイン会社に頼むか? 印刷会社に頼むか? 自分で作るか?
⇒デザイナーの友人のアドバイスをもらいながら、自分で作成することに決定

4【TODOのリストアップ】、
5【スケジューリング】

- □スタッフの体文字の撮影(12/1)
  ⇒スタッフへの連絡(11/23)
- □顧客リスト作成・年賀状枚数の把握(12/4まで)
- □年賀状のデザイン作成(12/8まで)
- □年賀ハガキの購入(12/10まで)
- □プリンターのインク購入(12/10まで)
- □プリント(12/11)
- □スタッフにも個人用として配る(12/14)
- □手書きのコメントを入れる(12/17まで)
- □スタッフから回収、郵送(12/18)

69 「完成形」を具体的にイメージする

●具体的であればあるほど、その状態に近づく!

仕事が達成したときの「完成形」は、できるだけ具体的にイメージ。この完成形のイメージがあやふやだと、途中でどうしていいかわからなくなったり、変更が重なって無駄が出たり、時間がかかったり。完成形をはっきりさせることは、モチベーションアップにもつながります。

70 あらゆる角度から、「方法」を考えてみる

●思いつくだけの方法を考える。

仕事のやり方にルールはありません。ひとつの課題にも、やり方は無限大。固定観念を取り払ってしまって、「ほかに方法はない?」と疑問をもつことが大事です。他の人がやっている方法、さまざまな情報からヒントをもらうこともあります。少し目線を変えて見ると、別な方法を思いつくかもしれません。いろいろな方法を試しながら先に進むのもあり。

02

段取りするときは「一人つっこみ」をしてみる

――「落とし穴」に落っこちないための対策

段取りをするなかで、もうひとつ、頭に入れておく、大切なことがあります。それは、仕事を進めていくなかで、予期せぬ「落とし穴」が隠れているということ。この「落とし穴」を想定して、事がスムーズに運ぶように対策を打つのを「リスク・マネジメント」といいます。

要するに、「落とし穴」に落っこちないように、**先手を打って落とし穴をふさいだり、どこに穴があるのか見通して避けたり、ひょいと乗り越えたりすればいいのです。**

たとえば、前述の「顧客、取引会社への年賀状を作成、郵送する」という仕事をする場合。こんなことが、考えられませんか？

「インクジェット用の年賀状が売り切れだったら、どうする？」

「相手先に喪中の人がいたら、どうする？」

「予定外の仕事が入ってきたら、時間はどうやってつくればいい？」

◇仕事ができて、強運になる習慣◇

71

段取りをしながら「こんなときは、どうする？」と「一人つっこみ」をする

●思いつくだけの、あらゆるリスク（危険）を考える。

段取りをしながら、「ちょっと待って。こんなときはどうする？」と、さまざまな不測の事態を想定してみましょう。リスクの材料を集めて、それに対策を打っていけば、リスクを避けることができます。この「一人つっこみ」がなければ、予期せぬ出来事で慌てることに。

72

リスクに引きずられて、不安にならない

●リスク・マネジメントは、リスクを回避するためにある。

あまりにもマイナスの要因ばかりを考えていると、それに引きずられて「〜になったら、どうしよう」と不安に陥ってしまいます。リスクに対して、先手先手を打っておけば、なにも怖いことはありません。「〜しないように」と安心するために、リスク・マネジメントはあるのです。

73

本当にやりたいことのためには、リスクを覚悟する

●リスクがなきゃ、つまらない！

生きている以上、どんなことをするにもリスクは伴います。特に大きなことを成し遂げよう、目標を叶えようと思ったら、それなりのリスクがあります。本当にやりたいことに対しては、リスクに立ち向かうことです。

「何のリスクもとれない人間は、人生で何一つ成し遂げることはできない」モハメド・アリ（プロボクサー・世界ヘビー級チャンピオン）

自分自身に「一人つっこみ」をしてみるといいでしょう。

そうすると、「郵便局の○○さんに予約を入れておこう」「喪中はがきが来る時期を過ぎてから郵送しよう」「そうだ。後輩のTさんに年賀状作りをサポートしてもらおう」など、いろいろな対策が立てられます。

この「リスク・マネジメント」は、仕事の段取りだけでなく、目標達成の計画を立てたり、人生の目標を叶えたりする上でも、必要なことです。

リスクを考えず、おめでたい想像ばかりをしていると「まさか、こんなことになるなんて……」という事態になってしまいます。

「最善のことをイメージして、落とし穴も予測する」が大切なのです。

03

相手の期待値を超えて、感動をあたえよう

——仕事を依頼されたときの「1・2・3ステップ」

人から仕事を頼まれた場合、考えるのは、次の「1・2・3ステップ」。

74

◇仕事ができて、強運になる習慣◇

相手が「なにを求めているのか?」を正確に把握する

●相手の期待する「完成形」が最低ライン。

相手の気持ちを正確に理解することです。仕事のスタート地点で、「こんなもんでいいのかな?」と、相手の求めるものへの理解が足りなかったり、誤解していたりすると、仕事はちがう方向に進んで、二度手間三度手間になることに。わからなければ、「どうしたらいいのか、教えてください!」と素直に聞いてみるといいでしょう。最終的には、相手が言わなくても期待を読むことを目指して。

1【目的】「なんのために、この仕事をするのか」
2【相手の期待値】「相手がなにを求めているのか」
3【自分なりの方法】「自分は、どのように仕事をするのか」

これは、段取りの3ステップ（Ｗｈｙ→Ｗｈａｔ→Ｈｏｗ）と、まったく同じ。カンタンでしょ。

たとえば、営業用の資料を作成してほしいと、上司から指示があったとしましょう。

1は「目的」。「営業マンが営業ツールとして、活用する資料なのか」「郵送用として使うのか」「販売店向けの資料なのか」。目的によって、資料の作り方はちがってきます。

2は「相手の期待値」。「会社の概要程度の簡単なものでいいのか」「これまでの実績を詳しく伝えたいのか」、上司が求めていることを、よく理

75

相手がこだわっている部分を見つける

●なにを大切にしている人？

たとえば、仕事の成果を大事にする上司なら、数字を入れて論理的に話す、チームワークを大事にする上司なら、個人主義ではなくチーム単位で仕事を進める、なんでも「早め」が好きな上司なら、言われたことはすぐやる。自分がやっていることを、相手にも求めるもの。よく観察したら、相手が満足するツボがわかってきます。

76

相手の期待値を1ミリ超える仕事で感動を与える

●「思ってもみなかった」が感動と信頼に。

感動を与えるには、特別なことをする必要はありません。相手が求めることに最善をつくして、期待値をほんのちょっとでも上回ればいいのです。「おッ、やるね」と言ってもらえたら、仕事は大成功。こんな丁寧な仕事の積み重ねが、信頼になり、チャンスを引き寄せるのです。

解することです。

そして、3は「自分なりの方法」です。「ただ文句を言われない程度にするか」「文書の美しさやファイリングまでこだわるか」「期限より早めに提出するか」「上司に気の利いた提案までするか」。上司の性格から、どうしたら満足するかがわかるでしょう。

ただし、いつもやっている仕事に、いちいち「これはなんのため？」と考える必要はありません。デイリーワークは、システム化していかなきゃ時間がかかって仕方がない。また、考えすぎて想像が逸れてしまうと「それは頼んでない」となるので、気をつけて。

相手の期待に応えていくのが「仕事」。大事なのは、相手の期待を正確に理解して、それを、ほんの少しでも超えること。それで十分、感動を与え、信頼を得られるのです。

04

仕事の時間よりも、成果にフォーカスする

——いい仕事をするためには、質と効率を上げること

仕事は「どれだけの時間やったか」よりも、「どれだけの成果があったか」です。

そして、「どれだけの仕事をやったか」という成果は単純に、報酬に比例していきます。

なかには「1時間当たり1000円」というような時給の報酬もありますが、プラスαの仕事力が認められてこそ、時給もアップしていきます。「○時間働いたから△△△円」というような時間にフォーカスした仕事をしている以上、いつまでも報酬は変わらず、長時間の労働をこなすことでしか、収入も増えません。たとえ時給報酬でも、月給が決まっていても、仕事の成果を出すことで、仕事はおもしろくなり、周りから評価を得られるようになります。少しでもいい仕事をしよう、いい報酬を得ようと思うなら、仕事の「成果を上げる」ことに、とことんこだわることです。

さて、仕事の成果は、次のような方程式で導き出されます。

仕事の成果＝仕事の質×量×効率（スピード）

この方程式の要素「質」「量」「効率」をアップするためにはどうすればいいか考えてみましょう。

まず、仕事の「質」は、経験と知識が増えることによってアップしていきます。そして「量」は、単純に時間を増やすことでアップ。ただし、これには限界があります。最後に「効率（スピード）」は、仕事の無駄をなくしたり、システム化したり、やり方を効率化したり……という時間の使い方を工夫することでアップします。

つまり、仕事の成果を上げるには、「質」と「効率」を上げていくことが大切なのです。

◇仕事ができて、強運になる習慣◇

77 視界のなかにアナログ時計を置いて、仕事をする

●つねに時間あたりの成果を意識する。

体を動かさなくても見える場所に、時計を置いて、つねに時間あたりの成果を意識しましょう。携帯電話やパソコンの隅にあるデジタル時計よりもアナログな文字盤の時計のほうが時間を感覚的に計ることができます。会社になければ、自分専用の時計をデスクに置いて。時間を意識する習慣がつくと、時計を見なくても、大体の時間がわかるようになります。

78 「時間がない」という言葉は使わない

●時間は最初からあるものではなく自分でつくり出すもの。

忙しいなか成果を出している人にかぎって、「時間がない」という言い訳をしないものです。時間は1日24時間、すべての人にフェアに与えられています。時間はどれだけあるかではなく、どれだけ有効に使うかが大事。「時間ができたらしよう」と思っていてもそんな時間は決しておとずれません。時間は自分で確保するしかないのです。

79 ダラダラとテレビを見ない

●プライベートでも時間に目的をもつ。

ふとテレビをつけて、つまらない番組を何時間も観てしまった……なんてことはありませんか？ダラダラが休息になると思ったら大間違い。時間の浪費は、かえって疲れてしまいます。ダラダラするのなら、しっかり休憩しましょう。テレビを見るなら「これは役立つ番組だ」「今日は観たかった映画がある」と目的をもって。やるべきことがはっきりしていたら、ダラダラはなくなります。

80 仕事が速い人、できる人を真似る

●成果を上げるイメージをもつ。

身の回りに「時間をうまく使っているな」という人がいるはずです。時間を有効に使うには、そんな人を真似るのがいちばん。「どんなスケジュールを立てているのか」「何の時間を大事にしているのか」「行動はどうなのか」……よく観察して、同じようにやってみることです。いい部分は取り入れて、合わない部分はアレンジを加えて。

05

仕事の目標は、数値化しよう
——達成の可能性が高くなる

「仕事の目標は数値化せよ」とは、仕事の目標を決めるときに、よく使われる言葉。上司から言われた人も多いのではないかと思います。

では、なぜ数値化する必要があるのでしょうか。

次の3つの理由が考えられます。

1 やるべきことが明確になって**モチベーションが上がり、達成の可能性も高くなる。**

2 あとどれぐらいで**目標に到達できるのか、具体的にわかり、スケジュール化しやすい。**

3 うまくいった場合は、その結果から**次の目標につなげられる。**うまくいかなかった場合は、**反省して対策を打てる。**

仕事にかぎらず、目標は数字にすると、イメージがぐっとわきます。たとえば……

●「月収を増やしたい」⇓時給2000円、日給1万6000円、月収32万円を目指す

●「売上を伸ばしたい」⇓今月の売上目標

◇仕事ができて、強運になる習慣◇

01

ちょっと頑張ったらできる程度の数値目標をもつ

●自分の実力を把握して。

高すぎる数値目標は、どこかで「無理だろうな」という気持ちがあり、やる気が萎えてしまうものです。自分の実力を客観的に見て、「がんばったらできる！」と思える程度の目標にしましょう。大きな目標や志は、それを細分化して小さな目標にし、達成していくことです。

82

数値化しにくい仕事は、10段階で自己評価する

●目標の「10」に、どこまで近づけるか?

数値化しにくい仕事も多くあります。たとえば、接客、受付、総務や秘書の仕事、看護師、介護……。でも、なにか数値になるものはないか探ってみるといいでしょう。接客であれば、「1日3人のお客様に『ありがとう』と言ってもらう」、看護師であれば「1日3人の患者さんと5分以上話をする」など。毎日の仕事を10段階で自己評価するのも、ひとつの手。記録につけ、表やグラフにしていくと、成長の過程がわかって、モチベーション・アップにつながります。

83

数値だけに惑わされない

●数値だけでは、測れない成果もある。

数値目標だけにとらわれて、一喜一憂しないことです。数値は達成できなくても、大きな学びや成長があることもあります。また、数値が一時的に上がっても、無理をしすぎると、後が続かないことも。数値はひとつの基準。仕事は、目に見えない成果もリスクもあり、数値がすべてではないことを、心に留めておいて。

100万円、新規顧客獲得10人が目標

●「英会話力を身につけたい」⇓1日30分を半年間続けてTOEIC800点を取る

●「海外旅行に行くお金が欲しい」⇓毎年1回、1週間の海外旅行に行くために1カ月2万、12カ月で24万円、天引き貯金をする

などなど。この具体的な目標数値が達成できると、「成功体験」として自信になっていきます。

万が一、達成できなくても、「これだけ進んだ」と進捗状況がわかると、挫折感が軽減され、「失敗体験」ではなく、成功への過程として、前進していけるはずです。

06

3日前倒しの「マイ締切日」を設定しよう

――2~5割増しの「マイ・ノルマ」も設定しよう

締め切り、締め切りの仕事をしている私は、以前、この「締切日」が、大きなストレスでした。気になっているのに締切日近くになるまで腰が上がらず、ギリギリになってやっとエンジンがかかり始めるのです。そして、焦りながら仕事をして、どうにか滑り込みセーフ。ただし、やり直しや、予期せぬアクシデントがあると、完全にアウト……という危ない綱渡りのような状態でした。

そこで、考えたのが、勝手に「マイ締切日」を設定すること。

小さな仕事であれば、大体3日前が「マイ締切日」。大きな仕事なら、5日前、1週間など、もっと前に設定します。ときには「挑戦する」という意味で、半分の日数で設定することもあります。

この前倒しの「マイ締め切り」を基準に動き始めてから、締め切り間際の焦りやストレスから解放され、「締め切りに追われている」という感覚がなくなりました。また、飛び込みの仕事や不測の問題が発生しても、柔軟に対応できるようになったのです。

また、勝手に「マイ・ノルマ」も設定します。たとえば、1日に10ページ書くのがノルマ（課せられた仕事などの量）であれば、マイ・ノルマ15ページにチャレンジ。

達成できたら大きな自信になります。たとえ12ページであったとしても、本当のノルマはクリアしているので、よしとします。

「マイ締切日」「マイ・ノルマ」は、「攻め」の姿勢で仕事に取り組む効果的な方法です。

◇仕事ができて、強運になる習慣◇

84 スケジュール帳に「マイ締切日」を書きこむ

●締め切りは2段階に設定する習慣を。

スケジュール帳には与えられた締切日も記入しますが、それよりも大きく「マイ締切日」を書きこんでください。ただし「どうせ3日余裕があるから……」と思わないこと。「3日前にさっさと提出して他の仕事をしよう」と、早めに終わらせることをイメージして、習慣づけることが大事です。

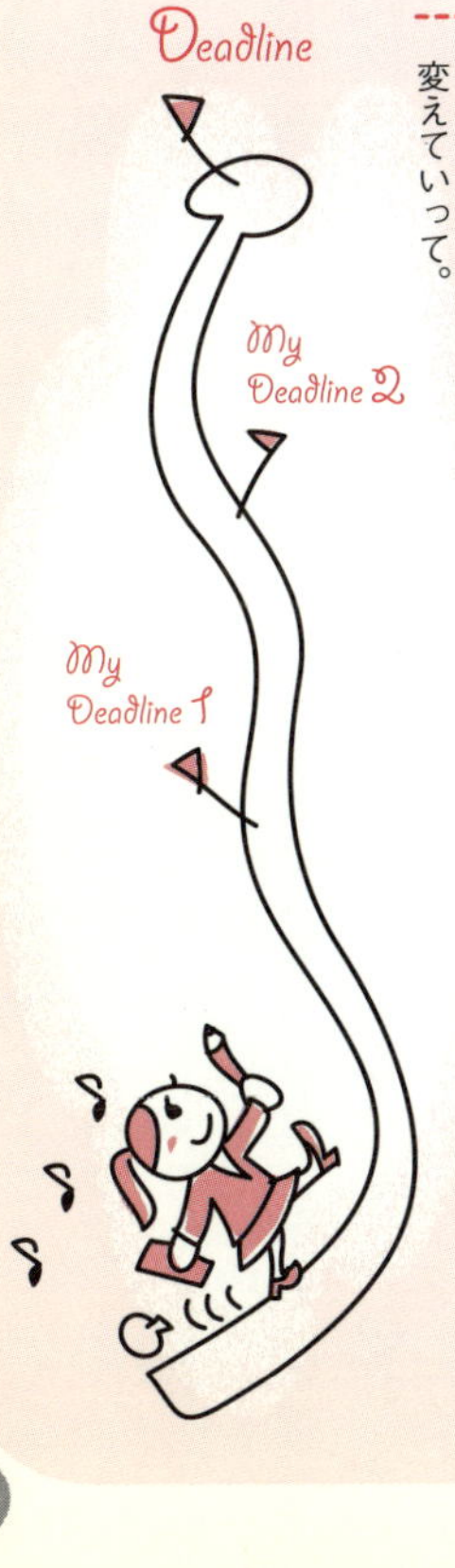

85 期間が長い場合は、細分化して複数の締切日をつくる

●マイ締切日を少しずつクリアしていく。

締め切りまでの期間が長い場合は、「まだまだ時間がある」と思っていると、あっという間に期限が迫っていることに。「まずはここまで」と、作業を細分化して、短期間の締切日をつくりましょう。作業が終わるごとに、残りの締切日を柔軟に変えていって。

86 7割完成で「事前提出」もあり

●「これでOK」と確認して進もう。

すべてが終わってから提出すると、「ちょっとちがうなぁ。もう一回やり直して」とダメ出しされてしまうことも。無駄を省くために、7割完成した状態で「これで進めていいですか？」と事前提出するのも、ひとつの方法。安心してフィニッシュできるし、上司のアドバイスが加わって、さらにいい仕事ができるかもしれません。

07

やらなくてもいいことは、やらない

——無駄を省けば仕事は効率化できる

多くの人が「時間がな〜い！」と思いながら仕事をしています。気がつけば、どれも終わっていなくて「また残業だわ……」ということもあるでしょう。

★あなたはありませんか？

日常の仕事に潜む、こんな無駄！

自分はできているかチェックしながら、
どう対策を打てばいいか考えてみて。

Check!

- □仕事のやり方がわからなかったり、指示が理解できなかったりで、無駄に悩む
- □Eメールを何度もチェックして返信している
- □ネットサーフィンで、いつの間にか時間をとられる
- □デスク回りが整理されていないため、探すのに一苦労

そこで、「短い時間で、大きな成果を出したい」と、スピードアップや、たくさんの仕事をこなす段取りを考えがちですが、それよりも最初に考えるべき効率化は、

「やらなくてもいいことは、やらない」

つまり、徹底的に無駄を省く対策を打っていくこと。

時間の使い方は、お金の使い方に似ています。たとえば、あまり使いもしないモノを無駄に買っていると、「ちりも積もれば山となる」で、いつの間にか大きな出費に。その結果、本当に欲しいもの、価値のあるものが買えなかったり、いざというとき、手持ちのお金がなかったりしてしまいます。「無駄なモノは買わない」を徹底すると、貯金もでき、旅行や家・マンションの購入など、

□パソコン内のデータが管理できず、データ資料を探す時間がかかる
□パソコン内のデータが重くなり、動きがにぶい
□同僚と無駄な愚痴、うわさ話をしてしまう
□指示を勘違いして、二度手間になる
□ひとつの仕事を何度も手直し、やり直しをする
□一度で全員にすれば済む連絡や報告を、一人一人にしている
□ミスが多く、その処理に時間をとられる
□人の連絡や報告を、無駄に待っている
□突発的な指示が多く、その都度やっている仕事が中断
□ただ意味もなく習慣化している作業や会議がある
□結論がでないミーティングを繰り返している
□同じような仕事でも、いちいち考えながら仕事をする

大きな出費にも対応できるのです。

時間を有効に使おうと思ったら、まずは無駄な時間を削ること。**大きな仕事や、ほかのやりたかった仕事ができたり、余裕をもって大事な仕事に集中することができます。**

普段、なにも考えずにやっているルーティンワークのなかにも、多くの無駄が潜んでいます。まずは、新しい視点で見て、その無駄に気づくことです。そして最善の方法を考えましょう。

一時的に改善の時間がかかっても、長い目で見ると、時間の短縮が図れることがあります。無駄が省けたら、これまでやっていた仕事は、格段にスリムアップできること、間違いありません。

08

優先順位をシンプルに考える
——目先のことだけにとらわれない

「たくさん仕事があって、どれから手をつけていいか、わからない！」

ということは、よくあるものです。そこで、どれを先にすればいいかという「優先順位」を考える必要が出てきます。

シンプルに考えてみましょう。

まず、今日1日の仕事は、次の3つに分かれます。

1　今日、しなければならない仕事
2　できれば今日したほうがいい仕事
3　あす以降でもいい仕事

1→2→3の順に、さばいていけばいいのです。

ただし、デイリーワークのメールの返信や日報など、決まった仕事は、特に優先順位をつけず、スケジュールのなかに固定的に組み込んだり、合間

◇仕事ができて、強運になる習慣◇

87

無駄を省くために、仕事の目的を考える

●「なんのために？」の質問で、無駄が見えてくる。

仕事をするなかで、いちばんの基本は、「この仕事は、なんのためにやっているのか？」を考えること。その目的がわかれば、無駄な部分が見え、なににフォーカスすればいいかがわかってきます。その後、「どんな方法があるのか？」を練り、仕事のスリムアップを図りましょう。

の時間にこなしたりしていくといいでしょう。すべての仕事に対して、一様に優先順位をつける必要はありません。

問題なのは、種類も期限も異なる仕事が大量に押し寄せてきた場合です。重要度、期限、拘束時間などをあれこれ考えると、どれを優先すればいいのかわからず、なかなか冷静に対処できなくなってしまうことも。

そんなときは、優先順位をつける基準を決めてしまったほうが、あれこれ悩まずにラク。優先順位の基準は、人それぞれでちがいます。「期限順にする」という人もいれば「こまごました仕事から始める」「プレッシャーを感じるものからする」という人も。大事なのは、仕事がやりやすい自分なりの基準を持つことです。優先順位の基準が確立すると、直感的に「いま、なにをやるべきか」がわかり、ひとつひとつ片づけていけるのです。

08 すんなりいかない仕事が終わった後、そのままにしない

●なにかの摩擦を感じたら、すぐに摩擦の原因を取り除く。

仕事をしていて「必要以上に時間がかかる」「なぜか、すんなりいかない」と感じたら、必ず改善点があるはず。仕事が終わったからよしと、そのままにしないで、すぐに改善しましょう。次はうまくいくように、その場でできる改善策は即処理。時間がかかるもの、ほかの人が関係している改善策も徐々に進めて。

09 クライアント目線、社外目線など視点を変えてみる

●別な角度から見ると、無駄が見える！

ずっと同じ仕事をしていると、無駄の感覚がマヒしてくるものです。ときどき「お客さま目線で、このサービスは必要なんだろうか」「ほかの会社は、どんな方法をとっているんだろう」と目線を変えてみることです。これまで当然のようにやっていたことが、必要でないことに気づくかもしれません。

優先順位を感覚的にとらえるために……

仕事の優先順位は、「重要度（大切さ）」「緊急度（時間）」によって、決められます。

仕事を次の5つに分類すると、優先順位を決めやすくなります。

1 大切で急ぐ仕事

病気や事故などに関わる突発的な仕事、クレーム対応、緊急の処理事項、短期プロジェクトなど

2 それほど大切じゃないけど、急ぐ仕事

突然の来訪、資料郵送、会議資料のコピー取り、備品調達など

（時間）**緊急度**

※仕事を5つに分けて、1→2→3→4と優先すると、間違いはありません。ただし、これは「重要度＜仕事の緊急度」の考え方に基づくものです。

毎日やるデイリーワーク
（優先順位のなかに入れず、固定の時間、隙間時間で処理する）

電話応対、メールの返信、業務日報、報告など

重要度（大切さ）

大切だけれど急がない仕事

中長期プロジェクト、商品開発、社内コミュニケーション、営業の新規顧客開拓、資格取得、教育、自分にしかできない作業など

それほど大切じゃなくて、急がない仕事

書類整理、書類破棄、情報収集、下調べなど

■緊急な仕事、納期が迫っている仕事を最優先にしなければなりませんが、目先のことだけにとらわれると、仕事の大枠や長期的なビジョンに目がいかなくなってしまいます。3の「大切だけれど急がない仕事」も、臨機応変にスケジュールに入れていく必要があります。

09

仕事の優先順位の決め方
——優先順位がわからない人のために

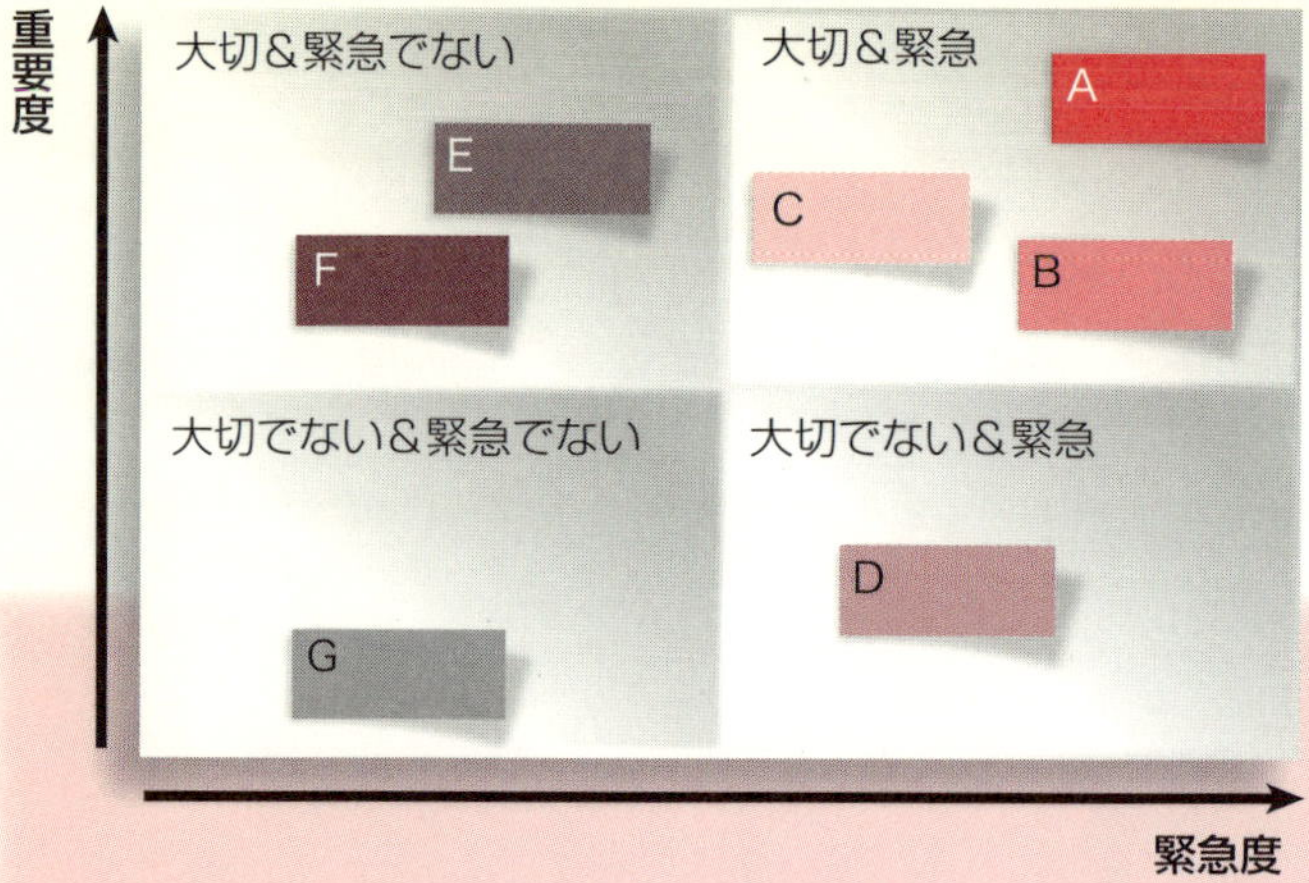

1 「To Do（やるべきこと）」をすべて、少し大きめのポスト・イットにひとつずつ書き出す。

2 期限のあるものは日付を入れる。緊急のもの、納期や締め切りが迫っているものが最優先。

3 A4の紙を上の表のように四つ折りにして4分類に分けて、ポスト・イットを置く。

4 内容を吟味して、優先順位を決める（たとえば、A→B→C→D→E→F→Gの順）

5 優先度の高い順にデスクやスケジュール帳などに貼り付ける。

6 まずは、優先順位3つまでにフォーカスして作業をこなす。締め切りが迫っていない場合は、同時進行もあり。

7 新しい仕事が入ってきたら、柔軟に入れ込む。

〈それでも、「やっぱり優先順位がわからなーい！」という人のために……〉

●迷ったら、次の3つを基準にして！

① 締め切りが迫っているものを優先する。

② 相手があることを優先する。

③ とりあえず手をつけておくと、楽になりそうなことを優先する。

中長期的な仕事の優先順位

・10分以内にできること
（小さなことを片付けることで気持ちが楽に。仕事へのはずみもつきます）

・手間がかかりそうな仕事
（プレッシャーに感じている仕事の見通しが立つと、ほっとひと安心）

◇仕事ができて、強運になる習慣◇

30 「優先するもの」を3つに絞る

●いま「なにをするべきか?」にフォーカス。

いろいろな仕事が増えてくると、パニック状態に陥ることも。でも、いまの瞬間、やれることは、ひとつだけ。優先順位を3つ決めたら、まずは、それに集中しましょう。ひとつでも仕事が終わったら、ほっとするものです。あれもこれも手をつけるのではなく、まずはこの3つをきっちりと。

31 「やらなくていいもの」は勇気をもって切り捨てる

●「自分でなくてもいいもの」「あまり意味がないもの」

仕事の見直しをしてみましょう。やることが習慣になっていて、あまり意味がないもの、人に頼んだり、任せたりできるものは、勇気をもって切り捨てましょう。「餅は餅屋」というように、苦手なこと、難しいことに時間をかけるよりも、専門家や得意な人に任せたほうがいい場合もあります。「自分にしかできないこと」「大切なこと」にフォーカスして。

32 上司と優先順位を一致させる

●優先順位の不一致が混乱のもと。

自分は優先順位を「A→B→C」と考えていても、上司は「C→B→A」であることもあります。自分の独りよがりで仕事を進めると、「え? いちばん大事なCの仕事が、まだ終わっていないの?」と言われることに。自分の優先順位を考える前に、「上司はなにを最初にしてほしいのか」を考えて。もし、わからなければ、「どれから進めたらいいでしょう?」と素直に聞いてみて。

10

スケジュール帳を「マイ秘書」にする
――目指す自分がはっきりする最強の味方

仕事をする人で、「スケジュール帳を持っていない」という人はいないと思いますが、本当に有効に使えている人は、意外と少ないのではないでしょうか。

仕事を充実させようとするなら、スケジュール帳を充実させること。

なぜなら、私たちの記憶って本当にあいまい。古い約束はすぐに忘れてしまうし、やることが、いくつも重なると、「あれ、今日はなにをするんだっけ」「なにからやり始めればいいの」と、こんがらがってきます。

だから、スケジュール帳に、「マイ秘書」になっていただくのです。

「マイ秘書」（スケジュール帳）の役割は……

1 決まった予定を忘れないようにする
2 やることを明確にして、頭を整理する
3 スケジュールを立てる
4 やったことを記録する
5 モチベーションを上げる

朝、スケジュール帳を開くと、そこに有能な秘書が待っていて「さぁ、今日の仕事、さっさとやっつけちゃいましょう！」と言っている。そして、目標を叶えた自分の姿が見えてくる……そんな状態のスケジュール帳が理想的。

スケジュール帳が充実すれば、仕事も生活も充実。人生も楽しくなってきます。「目指す自分」と、「やるべきこと」が明確になるからです。

スケジュール帳は、人生の目標を叶えるためのアイテムでもあるのです。

付き合いやすい秘書を選べ！
〜スケジュール帳の選び方〜

1年間、お世話になる手帳を選ぶのです。スケジュール帳の選択には、徹底的にこだわりましょう。使い勝手が悪かったり、デザインが気に入らなかったりすると、そのうち、使うのが面倒になってきます。

スケジュール帳にかけるお金は、仕事と未来への投資。いい仕事をして、思いどおりの未来を実現するためには、有能な「秘書」を選ぶことです。

◇スケジュール帳を選ぶポイント◇

① 最低条件は、マンスリー、ウィークリーの2つのスケジュールカレンダーがあること。

1カ月、1週間の「To Do」を把握するのに必要。カレンダーの横に「To Doリスト」を書き込む欄があればベター。メモをする欄があればベスト。

② 持ち運びやすい、適切な大きさ。

いつでもどこでもメモできるよう、持ち運べる大きさが大事。大きすぎると持ち運ばなくなり「会社に行かなければ予定がわからない」状態になったり、小さすぎると、読みにくかったり書き切れなかったりします。

③ デザインも重視する。

「スケジュール帳を見ると、ワクワクしてくる」「これを持つと格好いい」「デキル自分を演出できる」と気分を高めてくれるデザインが◎。しっくりなじむ色、素材であることもポイント。「なりたい自分」にふさわしいものを選んで。

④ 紙の薄さにこだわる。

紙が厚すぎると、ゴワゴワと重たくなり、薄すぎると、紙の裏に字が透けて、きれいに使えません。表に印刷されたものが、裏にどれだけ透けているかチェックして。

⑤ 書きやすいペンにもこだわる。

書くペンを固定したほうが、書きやすく見やすくなります。仕事とプライベートを色で分ける、大事な予定は赤色で囲む、ミーティングにはマーカーを入れるなど、自分なりの使いやすい方法で。

11

やる気の源になるスケジュール帳
——①年間 ②月間 ③週間 ④1日の「To Do」を明確にする

私は、スケジュール帳が、「やる気」の源になっています。

年末に、翌年の「やりたいこと」をリストアップして、手帳の最初に書き込みます。すると、翌年、どんなふうに仕事をして、どんなふうに暮らしていくか、「なりたい自分」がイメージできるのです。

このリストには、できるだけ数字を入れて書き込みます。期限のあるものだけ、日付を入れて。

たとえば、□本を○冊書く、□ギリシャを2週間以上、旅行する、□TOEIC試験で○○○点以上取る（△月×日）□実家に年2回帰る　などなど。

仕事もプライベートも一緒。だって、この2つは密接に関係しているのですから、切り離しては考えられませんよね。

◇仕事ができて、強運になる習慣◇

93

手帳は1冊にまとめる。

●2冊以上になるとロス。有能な秘書は一人で十分。

スケジュールだけでなく、上司から言われたこと、心に残った言葉など、すべて1冊にまとめてしまいましょう（大きなプロジェクト用ネタ帳など、ボリュームがあるものは、別ノートを作成）。仕事もプライベートも同じ手帳で管理。仕事とプライベートの切り替えは大事ですが、スケジュールをこなす人は一人しかいないのです。また、2冊以上になると「どれに書いたかな？」「もう1冊、持ってくるのを忘れた」とロスが多くなります。

94 スケジュール帳は実際に見て決める

●有能な秘書かどうか、自分の目で確認しなきゃわからない！

スケジュール帳は、インターネットでも購入できますが、選ぶときは、店頭で実際に手に取って、機能性やデザインを確認しましょう（前年と同じものであればネットでもOK）。さわり心地、書きやすさ、相性など「いい付き合いができるか」の直感も、実際に見たほうが働きます。アドレス帳が差し込めるもの、写真、カードなどを入れるポケットがついたもの、など使いやすさにこだわって。

95 スケジュール帳は開きっぱなしで机に置く

●有能な秘書はいつも身近に。

環境が許すなら、いつもデスクに広げておくことです。上司から言われたこと、思い付いたこと、新たに加わった「To Do」……すぐに、なんでも書きこんでいきます。あとで書こうと思ってもすぐ忘れるし、卓上メモに書いて後でスケジュール帳に移そうとしても二度手間に。活用してこそのスケジュール帳。バッグや引き出しのなかでなく、仕事中は、デスクの上に広げておきましょう。

あれこれ計画を立てていると、なんだかワクワクしてきます。ずらりと並んだ「To Doリスト」を眺めて、「やるわよ～」と、やる気が湧き上がり、□にVを入れるたびに「一丁上がり！」と達成感。Vが増えてくると「よくやった、私」と充実感。目標に、一歩一歩、近づいている実感があります。

マンスリー・スケジュールも、ウィークリーも、1日も、書き方は基本的に同じ。

まずは、①年間、②月間、③週間、④1日の「予定」「To Do（やるべきこと）」を、明確にしましょう。「To Do」をリストアップするのは、①は前年の年末、②は前の月末、③は前週の金曜日の夕方、④は前日の終業前に。早めに「To Do」を整理することが、先手を打って課題を達成するヒケツです。

96

「To Do」リストにチェックボックス□をつくる

●□にVを入れて、充実感を味わおう。

最初からリストやチェックボックスがついているスケジュール帳でなくても、自分で□を書けばいいこと。□が並んでいると「To Do」がいくつあるか数えやすく、作業の進み具合いが一目瞭然。どんどん☑を増やしていって仕事の達成感を味わいましょう。Vを赤ペンで書く、□をマーカーで塗りつぶすなど、自分のやりやすい方法で工夫して。

97

スケジュール帳には予定だけでなく、願望も書く

●目標を叶えるスケジュール帳にする。

仕事やプライベートの予定、「To Do」だけでなく、「～したい！」と強く思ったことは、すべて書き込みます。スケジュール帳は、この願望を実現させるための有能な秘書。「無理かな」と思うことも、遠慮なく、どんどん書いてしまいましょう。夢のような願望も、スケジュール帳に落とすことで、たちまち現実味を帯びてくるはずです。

98

スケジュール帳は9月～11月に買う

●スタートが肝心。9～11月にウォーミングアップ。

できれば、前年の2～4ヶ月分（9～12月分）がついているのがベスト。数カ月間、翌年の予定や目標を考えリストアップしていく期間があると、やるべきことが明確になり、心の準備もできて、元旦からスタートを切れるのです。もし、新年を迎えてから「今年はどうしようかな」と考えていると、スタートが遅れることに。出だしが肝心。先手をとるために、スケジュール帳は早めに準備して。

99

1年の目標には、無理に日付を入れない

●目標は、状況が整ったときに、あっさり叶う。

1年の「やりたいこと」リストには、予定が決まっているもの、期限があるもの以外は、「△月×日までに」というような日付を入れる必要はありません。なぜなら、目標は、一人だけで叶えるものではなく、環境や人のサポートなど、いろいろな条件が整ったときに、タイミングよく叶うもの。ただし、一日も早く実現することを望んで、いまやれる「To Do」を、スケジュールにしっかり落とし込んで。

100

1日の「To Doリスト」は、前日の夕方書く

●当日の朝では遅すぎる！

仕事が終わる時間になると、「明日はなにをやればいいのか」という「To Do」や課題が見えてくるはず。当日の朝、「To Doリスト」を作ろうとしても、「あれ？　昨日は、なにをしたんだっけ？」と、すぐに仕事モードになれず、思い出すのに時間がかかってしまいます。前日にリストアップすると、「そうそう、昨日はこれをやり残したんだった」と鮮明に記憶がよみがえってくるはず。前日の夕方だと、ささっと5～10分でできるので、習慣にしましょう。

101

退社前、翌朝いちばんにやる仕事を書いて、キーボードの上に置いておく

●朝のスタートダッシュが決め手。

朝いちばんの仕事には、その日もっとも大切な仕事、やっかいな仕事、苦手な仕事などをもってくるといいでしょう。終わることでほっとひと安心して、残りの仕事に取りかかれます。いつまでも残しておくと、ストレスの種。ポストイットに書いて、パソコンのキーボードの上に置いておくと、スムーズに取りかかれます。「朝イチ、〇〇さんに電話！」など、朝、最初にすることも書き留めておくといいでしょう。

102

翌週の計画は、金曜日の退社2時間前に立てる

●月曜日の朝では手遅れ。1週間分の予定は、前週のうちに。

月曜日の朝は、あれこれ忙しいものです。混乱しないでスムーズに仕事に取りかかるためにも、金曜日の夕方に翌週の「To Doリスト」と予定を立てましょう。「来週はこんな1週間にしよう」とイメージして。退社2時間前に取りかかると、翌週、必要なものの下準備がしやすくなります。

目標をクリアするスケジュール帳の書き方・1

月間「To Do」リストは、前月末までにリストアップ。優先順位を明確にしたい場合は、①、②、③……と順番をいれる。完了したら「V」を記入

土	日
5	6
12	13
19	20 父・誕生日
26	27

□新プロジェクトの企画書　②
（9/26まで）
☑A社への営業資料作成　①
□新人用マニュアル作成　③
□伝票整理
☑健康診断

□パン焼き機購入
□父へのプレゼント購入

今月の標語

今月の売上目標
○○○万円

家族や友人、仕事関係の誕生日も記入

フリースペースには、「今月の目標」「今月の標語」など、今月、注意すべきポイントを

●マンスリー・スケジュール

9月

月	火	水	木	金
	1	2	3 出張（2日）	4
7 10:00 週間 ミーティング	8	9	10 19:00 Eちゃんと 映画	11
14 10:00 週間 ミーティング	15	16 12:00 S部長と ランチ ミーティング	17	18
21 10:00 週間 ミーティング	22 企画書 マイ締切	23	24 14:00 A社 T部長と面談	25 企画書 提出日
28 00 ィング	29 終日 新人研修	30 18:00 Mさん送別会 (Kホテル)		

会議やイベントなど、決まった予定は、その都度、書きこむ

プライベートの予定も書き込む

マイ締切を、実際の締切日よりも3日前に設定

目標をクリアするスケジュール帳の書き方・2

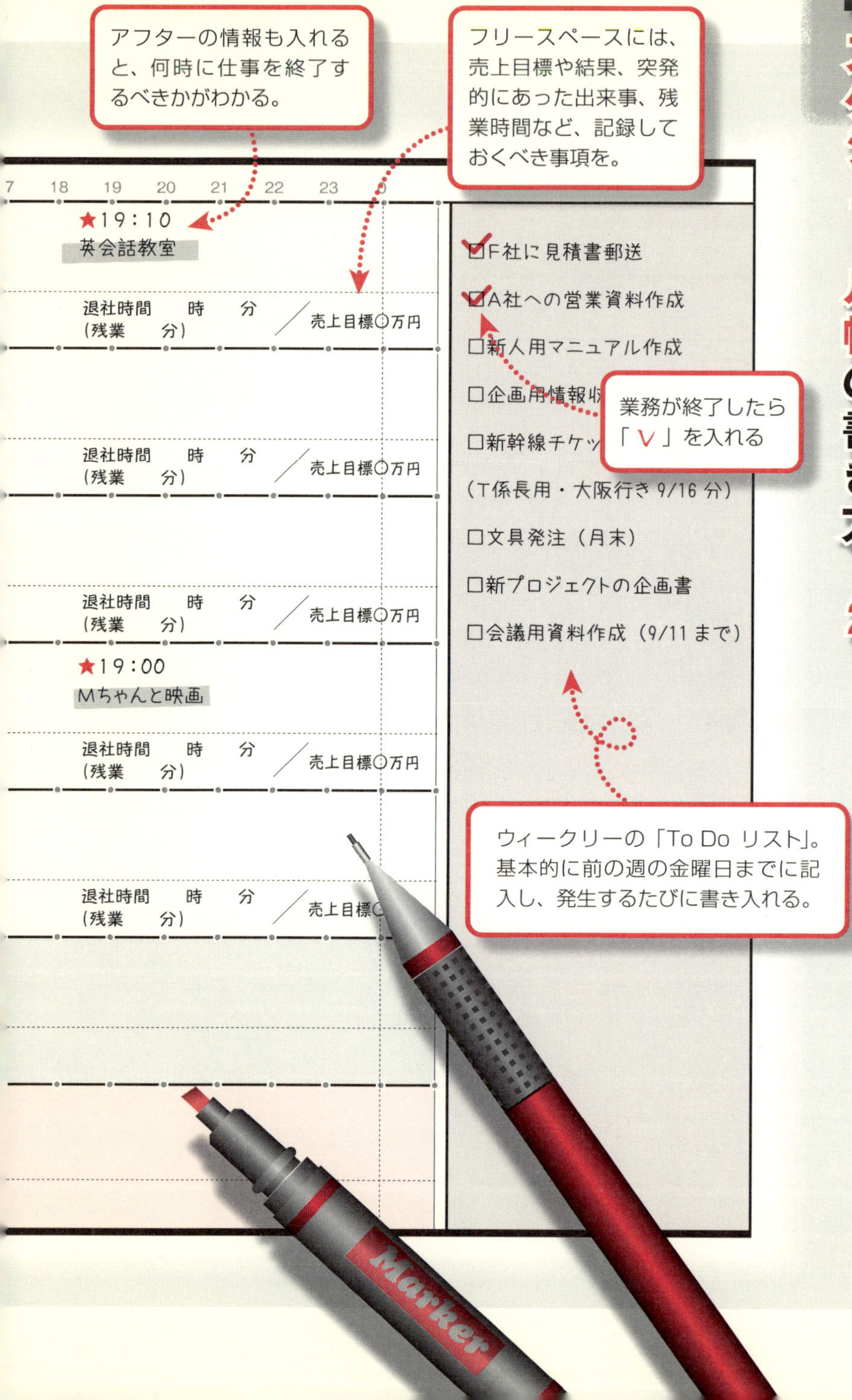
アフターの情報も入れると、何時に仕事を終了するべきかがわかる。
フリースペースには、売上目標や結果、突発的にあった出来事、残業時間など、記録しておくべき事項を。
7 18 19 20 21 22 23 0
★19:10
英会話教室
退社時間 時 分
(残業 分)
売上目標○万円
★19:00
Mちゃんと映画
☑F社に見積書郵送
☑A社への営業資料作成
□新人用マニュアル作成
□新幹線チケット
(T係長用・大阪行き 9/16 分)
□文具発注(月末)
□新プロジェクトの企画書
□会議用資料作成(9/11まで)
業務が終了したら「V」を入れる
ウィークリーの「To Do リスト」。基本的に前の週の金曜日までに記入し、発生するたびに書き入れる。
Marker

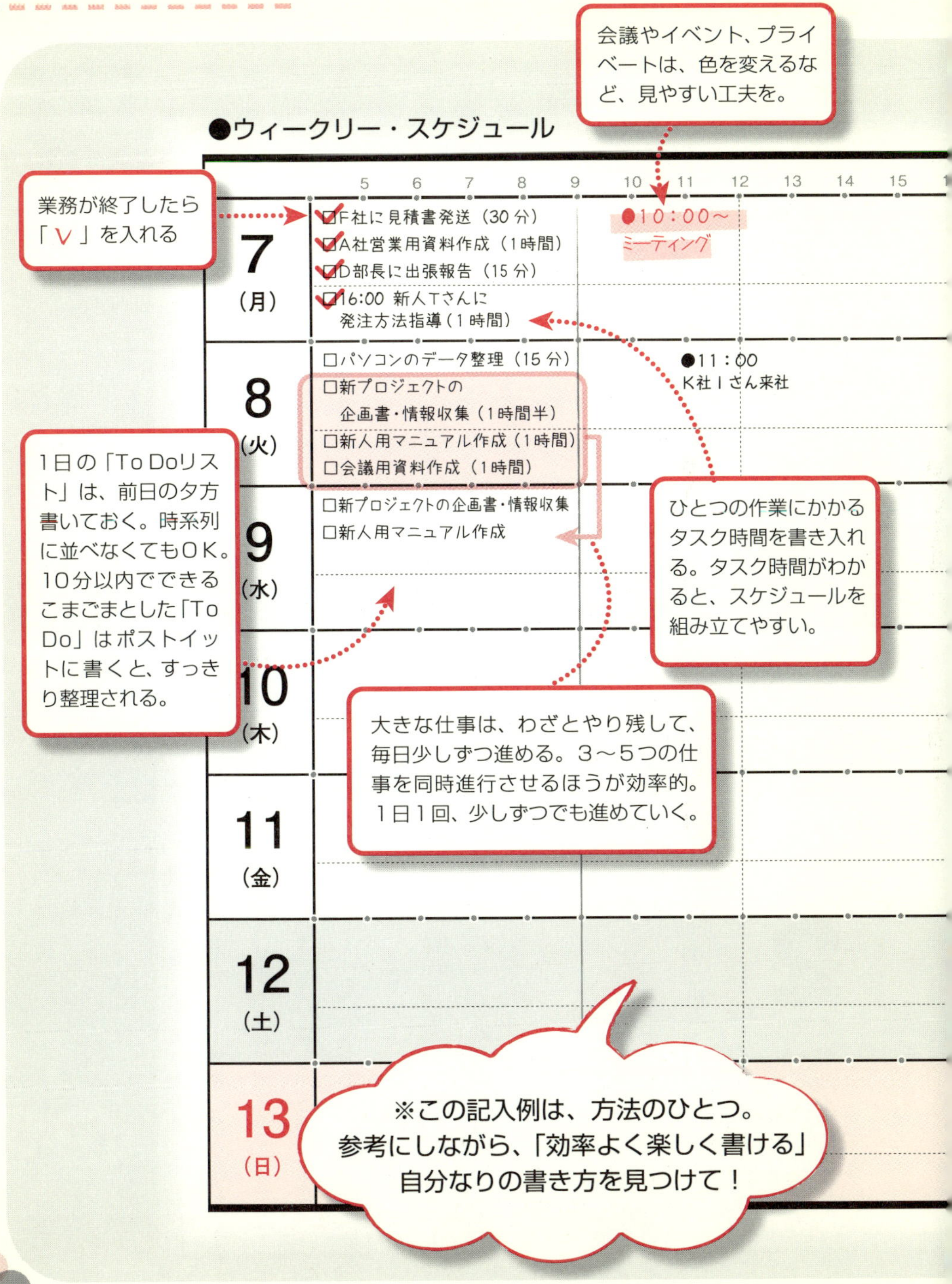
●ウィークリー・スケジュール
会議やイベント、プライベートは、色を変えるなど、見やすい工夫を。
業務が終了したら「v」を入れる
5 6 7 8 9 10 11 12 13 14 15
7（月）
☑F社に見積書発送（30分）
☑A社営業用資料作成（1時間）
☑D部長に出張報告（15分）
☑16:00 新人Tさんに発注方法指導（1時間）
●10：00〜 ミーティング
8（火）
□パソコンのデータ整理（15分）
□新プロジェクトの企画書・情報収集（1時間半）
□新人用マニュアル作成（1時間）
□会議用資料作成（1時間）
●11：00 K社Iさん来社
9（水）
□新プロジェクトの企画書・情報収集
□新人用マニュアル作成
10（木）
11（金）
12（土）
13（日）
1日の「To Doリスト」は、前日の夕方書いておく。時系列に並べなくてもOK。10分以内でできるこまごまとした「To Do」はポストイットに書くと、すっきり整理される。
ひとつの作業にかかるタスク時間を書き入れる。タスク時間がわかると、スケジュールを組み立てやすい。
大きな仕事は、わざとやり残して、毎日少しずつ進める。3〜5つの仕事を同時進行させるほうが効率的。1日1回、少しずつでも進めていく。
※この記入例は、方法のひとつ。参考にしながら、「効率よく楽しく書ける」自分なりの書き方を見つけて！

12

頭を整理する便利なツール

——こんなに使えるポスト・イットの活用法

「企画書作成」など重要な仕事から、「○○さんにTel」など細かいものまで一緒にスケジュール帳に書いてしまうと、ごちゃごちゃして、どれが大切な事項なのか、どれを優先すればいいのか、わかりにくくなります。「To Do」がいっぱいのスケジュールは、きゅうくつに感じられてストレスがたまることも。頭を整理するためにも、こまごまとした「To Do」はポスト・イットを利用し、スケジュール帳の「To Do」は、すっきりさせましょう。

（ただし、仕事は「すぐやる」が基本。5分以内でできる仕事は、ポスト・イットに書くまでもなく、すぐにやってしまうこと）

ポスト・イットは、ほかにもいろいろな使い方がある便利なツール。大から小まで、お気に入りのものをストックしておきましょう。カバンのなか、スケジュール帳のポケット、家ですぐに取り出せる場所など、あちこちに置いておくと、すぐにメモできますよ。

こんなときも使える！ ポスト・イットの活用方法

1 ポスト・イット 中 小

10分以内にできる「ミニTo Do」をリストアップするとき

□レストラン予約
□通販の代金振り込み
□Tさんにメールで連絡
□Y社のEさんに電話
（発注の件）

など、あえてスケジュール帳に書かなくてもいいような、こまごまとした「ミニToDo」は、ポスト・イットに書いてスケジュール帳に貼り、完了したら捨てましょう。ほかの10分以上の作業と差別化ができ、やることも明確になります。

2 ポスト・イット 中 小

ポスト・イットに「To Do」を書き出して並べ、優先順位を決める

（140ページ参照）

7

ポスト・イット 大

ポスト・イット 中

親しい人への連絡メモを送るとき

外出中のスタッフあてに「15：00　○社の△さんより電話ありました。戻られたら連絡くださいとのことです」などの連絡メモや、支社に資料を郵送するときのメッセージなど、ちょっとしたメモにも活用できます。ただし、あくまでも簡易的なもの。大事な連絡事項は、ビジネス文書にして。

5

ポスト・イット 中

小

本や資料の大事なポイントをインプットしたいとき

本や資料を読んでいて、「これは大事だな」「これは繰り返し読みたいな」という部分があったときは、付箋紙として、貼り付けておきます。再読するときに、その部分だけを拾い読みをすれば、短時間で再確認できます。

6

ポスト・イット 大

いつでも、どこでもメモしたいとき

通勤時間、家でくつろいでいるときなど、思いついたことを、すぐにメモ。目につくところに貼って処理してもいいし、あとでスケジュール帳に貼って処理してもＯＫ。おすすめなのは、枕元にポストイットとペンを置いておくこと。寝る前と、目が覚めてすぐは、ひらめきが多い時間。大事なアイデアなど、忘れないように、メモしておきましょう。

3

ポスト・イット 大

ポスト・イット 中

プレゼンテーションや文書、原稿、スピーチなどの構成を考えるとき

1 要点をポスト・イットにひとつずつ書き出す。
2 ポスト・イットを並び替えながら展開を考え、構成の順番を決める。
3 順番にポスト・イットをデスクやノートに貼り、上から順に内容をつくっていく。

4

ポスト・イット 中

小

忘れないように買い物をしたいとき

「買うべきもの」「欲しいもの」をポスト・イットにひとつずつ書き出して「買い物リスト」に。スケジュール帳などに貼っておき、買い物が完了したら捨てます。料理の材料などを買うときは、全部まとめて書き、折って財布のなかに入れておくと便利。

13

メモは、花を咲かせるための種まき

——書いて書いて書きまくろう

メモは、情報のデータベース。上司の指示、ふと思いついたこと、友人から勧められた本のタイトル、感動した言葉など、なんでも書きこむ習慣をつけましょう。

メモは、そのデータベースが、後で花を咲かせるための種まきのようなもの。書く時点で「これ、なにかの役に立つのかな」なんて、いちいち考える必要はありません。どんなときに、どんなところで役立つかわからないのですから。

また、頭をすっきり整理するのにも、メモは有効です。仕事の段取りや企画を考えるとき、問題を解決したいとき、文章の構成を考えるとき、A4の紙を用意して、思い付いたことをなんでも書きなぐりましょう。不思議と、書けば書くほど頭がクリアになってくるものです。

さて、メモは大きく分けて3つあります。

1　「To Do」メモ
2　情報メモ
3　アイデアメモ

できれば「スケジュール帳1冊＋ポストイット」で一元化したほうが、情報を管理しやすく、無駄もありません。ただ、この3つをごちゃまぜに書いてしまうと、「どこに書いたんだっけ？」ということに。それで、自分なりのわかりやすい方法で分類するといいでしょう。

たとえば、1の「To Do」は書く定位置を決めておく、2の情報メモはタイトルの前に赤色で丸印をつける、3のアイデアメモは、四角で囲むというように。メモがきちんと整理されると、頭のなかも、さらに整理されるのを実感できるはずです。

◇仕事ができて、強運になる習慣◇

103 メモは持ち歩き、すぐに取り出せるようにしておく

●スケジュール帳やポストイットを出しやすい場所に置いておく。

「メモをとった」ということは、忘れてもいいということ。情報を手放したら、頭の切り替えができるのです。どんどん忘れるために、すぐにメモできる環境をつくりましょう。書きやすい大きさ、紙質などにもこだわって。

104 メモよりも、相手の話を聞くこと、相手を見ることを優先する

●メモは記憶のサポーター。

人の話からメモをするとき、メモに集中して「相手の話を聞き逃した」ということはありませんか? メモは、あくまでも記憶のサポーター。相手の話をよく聞き、よく見て、観察することが大前提です。メモが追い付かないときは、キーワードだけを書き、後でメモできる状態になってから、補足しましょう。

105 読書メモは「重要ポイント」ではなく、「自分が実践しようと思うこと」を書く

●本はどれだけ読んだかより、どれだけ活用したか。

ビジネス書を読むのもいいのですが、「その本を読んで、自分がどう変わるのか」が大事。どんな良書を読んでも、自分の仕事や生き方に、活かさなければ、あまり意味がありません。講演やセミナーも同じ。講師がなにを言ったかではなく、自分がどう感じ、どう活かしていきたいか、考えたことを書きましょう。

●メモは軽く落書きをする気持ちで書けばいいのです。

そこで……

「書かなくてもいい」メモ術 10カ条

1 漢字を使って書かなくてもいい（ひらがなで十分！）
2 早く書かなくてもいい
（追いつかなかったら、ポイントだけ書き、後で記憶をたどって記入する）
3 きれいな字で書かなくてもいい（ただし最低限、後で読めるように）
4 文章にして書かなくてもいい（単語と箇条書きで意味が通じればＯＫ）
5 相手の言葉通り、情報通り書かなくてもいい
（自分の言葉でＯＫ。ただし数字や固有名詞は正確に）
6 机の上で書かなくてもいい（むしろ、立って書けるようにして）
7 事実だけを書かなくてもいい（感想や気づいたことこそ記入する）
8 真面目に書かなくてもいい
（遊び心で、絵や、好きな言葉なども入れて自由に）
9 人に見せるつもりで書かなくてもいい
（メモは自分のためのもの）
10 すべてを書かなくてもいい（自分の必要だと思うことだけを）

14

仕事は定時に終わらせると誓う
――まずプライベートの時間を確保する

要領よく仕事をこなして、さっさと定時で帰る人、いつまでも残業をやっている人の、いちばん大きなちがいは、「仕事時間は○時から○時まで」という時間の枠組みができているかいないか、です。

定時で帰る人は、なによりプライベートの時間を大切に考えているため、「なにがなんでも、仕事を定時に終わらせる！」と思っています。

これに対して、定時に帰れない人は、「早く終わったらいいなぁ」という程度で、定時を強く意識していないため、ズルズルと残業をすることになってしまいます。仕事をして、時間があったらプライベートを楽しむ……という状態。

1日のスケジュールを組むときは、まずは、プライベート時間を確保しましょう。だって、私たちは幸せであるため、楽しむために、毎日を生きているのですから。

友人とのゴハン、デート、習い事、趣味、資格の勉強などは、優先的に入れてしまいましょう。そして、そのために**「仕事はゼッタイに定時で終わらせる」と固く誓って**。きっと、モーレツな勢いで、仕事をするようになります。

プライベートな時間は、人と会って刺激を受けたり、資格の勉強をしたり、自然や芸術に触れたり、映画を見て笑ったり泣いたり……。リフレッシュすることで、元気よく仕事に向かえます。仕事のエネルギーを充電する時間といってもいいでしょう。

結果的には、プライベートを充実させることが、仕事を効率よく進められることになるのです。

★どれも大事な３つの時間。

１日を３分割して考えよう！

１日24時間は、「プライベート時間」「仕事時間」「睡眠時間」、それぞれ８時間の３つに分けられます。でも、現実は、つい仕事が優先されて、仕事時間が、プライベート時間、睡眠時間に食いこんでしまっている状態では？　でも、この３つは、比べられないほど、それぞれが大切な時間。豊かな生活とは、この３つが充実して、いい影響を及ぼし合っていることなのです。

家族との夕食、彼とのデート、友人とのおしゃべり、勉強や娯楽など、かけがえのない時間を、なにより大切にしましょう。せっかくやるなら家事や育児も楽しんで。自分ひとりのためにに使う「ひとり時間」も大事。仕事に集中するためにも、自分をかわいがり、心をゆるめる時間が必要なのです。

多くのビジネスウーマンは、睡眠時間が「もう少し欲しい」という状態。睡眠は、疲労回復だけでなく、ストレス解消、病気に対する免疫、脳内情報の整理、老化防止などの役割があり、睡眠不足になると、仕事にも生活にも悪影響。最適睡眠時間は人それぞれですが、いい仕事、いい生活が送れるためにも、７時間は確保したいもの。寝る前のストレッチ、起きてすぐの体操なども加えて。

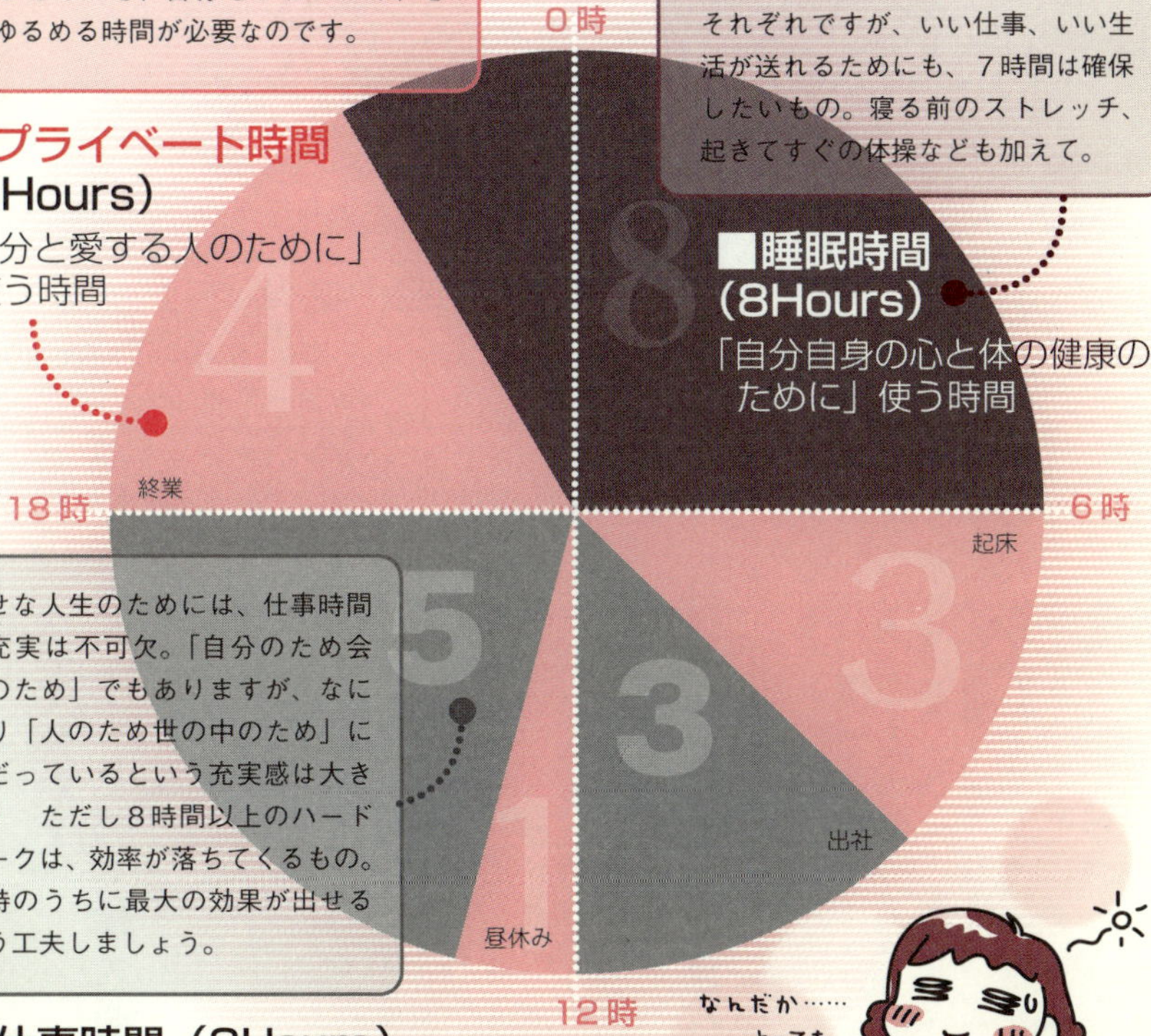

■プライベート時間（8Hours）

「自分と愛する人のために」使う時間

■睡眠時間（8Hours）

「自分自身の心と体の健康のために」使う時間

幸せな人生のためには、仕事時間の充実は不可欠。「自分のため会社のため」でもありますが、なにより「人のため世の中のため」に役だっているという充実感は大きい！　ただし８時間以上のハードワークは、効率が落ちてくるもの。定時のうちに最大の効果が出せるよう工夫しましょう。

■仕事時間（8Hours）

「自分と会社と人のために」使う時間

106

ワクワクする予定を入れて、仕事におしゃれして出掛ける

●まずは定時で帰ることを前提に。

仕事をして余った時間で、プライベートを楽しむ……というのでは、仕事時間がズルズルと延びてしまいます。まずは、1週間のスケジュールを立てるとき、習い事、ジム、勉強などレギュラーな時間を固定。ディナーの約束、映画、コンサートなど、イレギュラーな予定も入れてしまいましょう。「To Do」が山のようにあっても、「火事場の馬鹿力」ともいえる恐るべきパワーが出てくるものです。

107

スタート時に「今日は○時で帰れて、ありがとう！」と強く唱える

●始業前の決意が肝心。

1日のスケジュールをやっつけて、予定時間に終わっている状態をイメージして「ありがとう！」と唱えてください。まるで、すでにそうなったかのように。そして、そのイメージを目指して、朝から仕事をこなしていけばいいのです。だまされたと思ってやってみて。予定時間に帰れるための「おまじない」です。

108

仕事は家に持ちこまない

●オン・オフの切り替えを。

一度、家の中に仕事を入れてしまうと、仕事は喜んで、たびたびやってくるように。もし、仕事が終わらないなら、早めに寝て、翌朝、早めに出勤するなど工夫をして。玄関から内側に入れないことが大事です。家のなかでは、好きなこと、楽しめることだけするようにすると、自然にオン・オフの切り替えができるようになります。

109

1日1回、20分の「ひとり時間」を持つ

●自分をかわいがる時間は必ず確保。

毎日、人のなかにいたり、家族といたりすると、楽しんでいるようでも、どこか疲れているものです。自分だけのために使う「ひとり時間」は、1日1回、20分以上つくりましょう。将来の目標を叶えるため、自分と向き合うため、そして自分をかわいがるため。「いつも家族と一緒で、ひとりの時間がない」という人ほど、ひとり時間は必要。もし、どうしてもとれないなら、入浴時間や通勤時間などを「ひとり時間」にして。

110

忙しいときほど、睡眠をいっぱいとる

●集中するには、リラックスがいちばん。

睡眠時間が足りないと、仕事に集中できない→仕事が終わらず残業になる→帰宅が遅くなり、睡眠時間はさらに足りなくなる……といった悪循環。忙しいときほど、十分な睡眠時間を確保して。また、帰宅が遅くなっても就寝のデッドラインは決めておきましょう。また、私たちが本来持っている体内時計は、朝日とともにリセットされるため、早起き生活がおすすめです。

111

1年に1度は長期休暇を確保する

●仕事から離れる時間も大事。

年末のうちに、翌年のスケジュールを見ながら「○月に有給休暇で1週間海外旅行をする」「夏休みは実家に帰る」など、長期休暇のスケジュールを立ててしまいましょう。仕事をうまく調整して、できれば1週間以上の長期休暇を確保したいもの。励みにもなり、仕事から離れる時間が、新しいエネルギーと新しいアイデアをつくり出します。

15

仕事時間をシンプルに3分割する

——自分にやさしく仕事を進める

仕事を9時~18時まですると仮定しましょう。

この9時~18時の、時間帯ごとに私たちの心身や脳の状態も変化しています。

たとえば、午前中は頭がさえて、集中できる時間。

昼食を食べた後は、眠くなるように、だれの体もプログラムされています。食後は一瞬、やる気が出るものの、14~15時は集中力が途切れて、効率が落ちてしまいます。

このような心身の状態を前提に、スケジュールを組むことが大事。

また、1日のうち、必ずやるべきデイリーワークは、毎日、時間を決めてやるほうが、効率的で、ミスや漏れもありません。やみくもに仕事を片付けていこうとすると、ダラダラと非効率な結果になってしまいます。

そこで、仕事時間を次の3つに分割しましょう。

1 決まり切ったことをする「固定時間」

2 1日でいちばん大事なことをする「朝時間」

3 リラックスして仕事を進める「午後時間」

この3つの時間の特徴がわかっていると、スケジューリングがしやすく、無駄もありません。また、自分の生理の周期や体調など、コンディションと向き合いながら、無理なく、自分にやさしく仕事を進めることも大切です。

毎日の仕事の流れができてくると、「○○さんは、午後に打ち合わせを入れればいいな」「メールは昼食後にチェックするはず」と、仕事関係者も合わせてくれるようになってきます。

＜朝時間の流れ＞

・「To Doリスト」の優先順位の上位からとりかかる。
・イヤな仕事、プレッシャーになっている仕事ほど先に手をつける。
・なるべく外出は入れない。

●メール返信
●電話連絡
●雑務

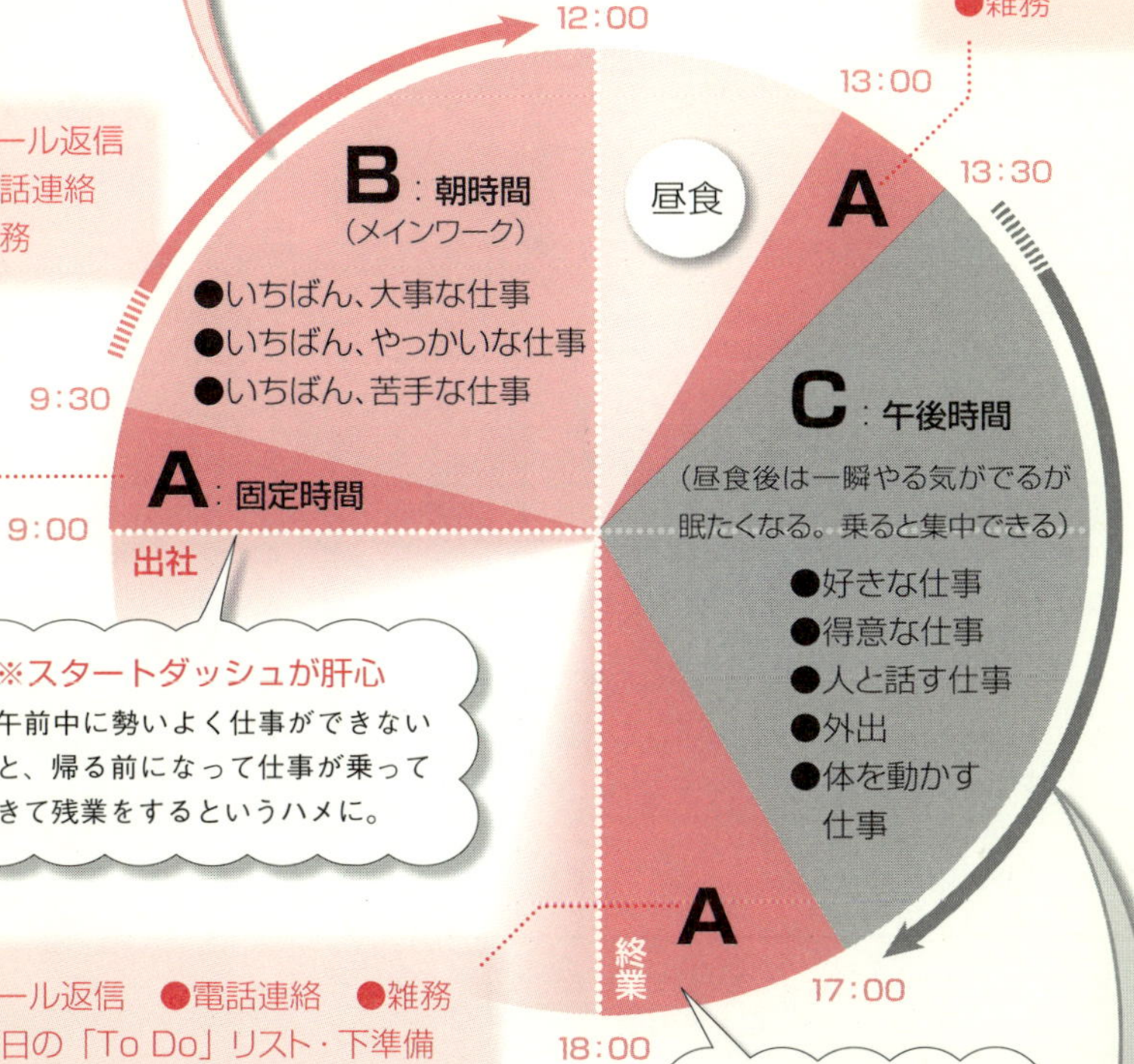

●メール返信
●電話連絡
●雑務

※スタートダッシュが肝心
午前中に勢いよく仕事ができないと、帰る前になって仕事が乗ってきて残業をするというハメに。

●メール返信　●電話連絡　●雑務
●翌日の「To Do」リスト・下準備

※ノー残業が基本
最初から「残業ありき」の予定を組んではダメ

※90分仕事して10分休憩が目安
(90分が集中できる最大の時間)。
集中力が続かなくなったとき、キリのいいときに休憩。休憩後は仕事を変えるのもいい。

＜午後時間の流れ＞

1　最初は簡単な仕事で弾みをつける。
2　乗ってきたら、手のかかる仕事に手をつける。
3　メリハリをつけるために、体を動かす仕事、人と話す仕事、外出などを入れてリフレッシュする。

〈スケジュールの組み方〉

①定期的にある仕事、デイリーワークは作業時間を固定し、自動的に毎日入れる。

②1日の中でいちばん大事な仕事1～3つを、朝時間に入れる。（朝、1日の仕事をほとんど終える勢いで）

③残りの予定、「To Do」を、午後時間に柔軟に入れていく。

◇「タスク時間」を把握しておこう◇

いつもやる仕事、ときどきやる仕事は、下記のように作業時間をあらかじめ表にして「タスク時間シート」を作っておけば、

「外出までの1時間、コレとコレとコレ、3つできるな」

というように、スケジュールに落とし込みやすくなります。

この時間が把握できていないと、「あと1時間、なにをしよう」「中途半端にやり残してしまった」と時間を有効に使えないことに。

「To Doリスト」を作るとき、横に「タスク時間」も書いて、スケジュールを組んでいきましょう。

例

	タスク	時間
1	メールチェック＆返信、電話連絡	30分
2	翌週の「To Doリスト」作成、下準備	30分
3	見積書作成	30分
4	営業日報作成	30分
5	経費精算	30分
6	営業資料作成・郵送	1時間
7	銀行（振り込み、出金など）、郵便局	1時間
8	営業戦略会議（定例会）	1時間
9	営業報告書作成（月末）	2時間
10	顧客への案内書発送（不定期）	2時間

◇一度に3つ以上の仕事を並行してやろう◇

仕事はひとつずつ片づけていくのではなく、最低3つ以上の仕事を同時並行してやるのが効率的。「ひとつの仕事をすべて終わらせてから次……」というのでは、なかなか他の仕事に手がつけられなくなってしまいます。

毎日、少しずつでも進めていくことが大事。それぞれの仕事の相乗効果もあり、集中力が途切れるのも防げます。時間を置くと、思わぬアイデアがひらめくもの。

締め切りが早まったときにも、柔軟に対応できます。

「どこまで進んだ?」と聞かれて、「まったく手をつけていません」という状態は避けたいもの。一度にたくさんの仕事を抱えたときは、一通り手をつけて、見通しを立てると、予定も組みやすくなります。

ただし、「どれもこれも手をつけて、なんにも終っていない」ではダメ。ひとつずつ完成させて、次の仕事を入れていきましょう。

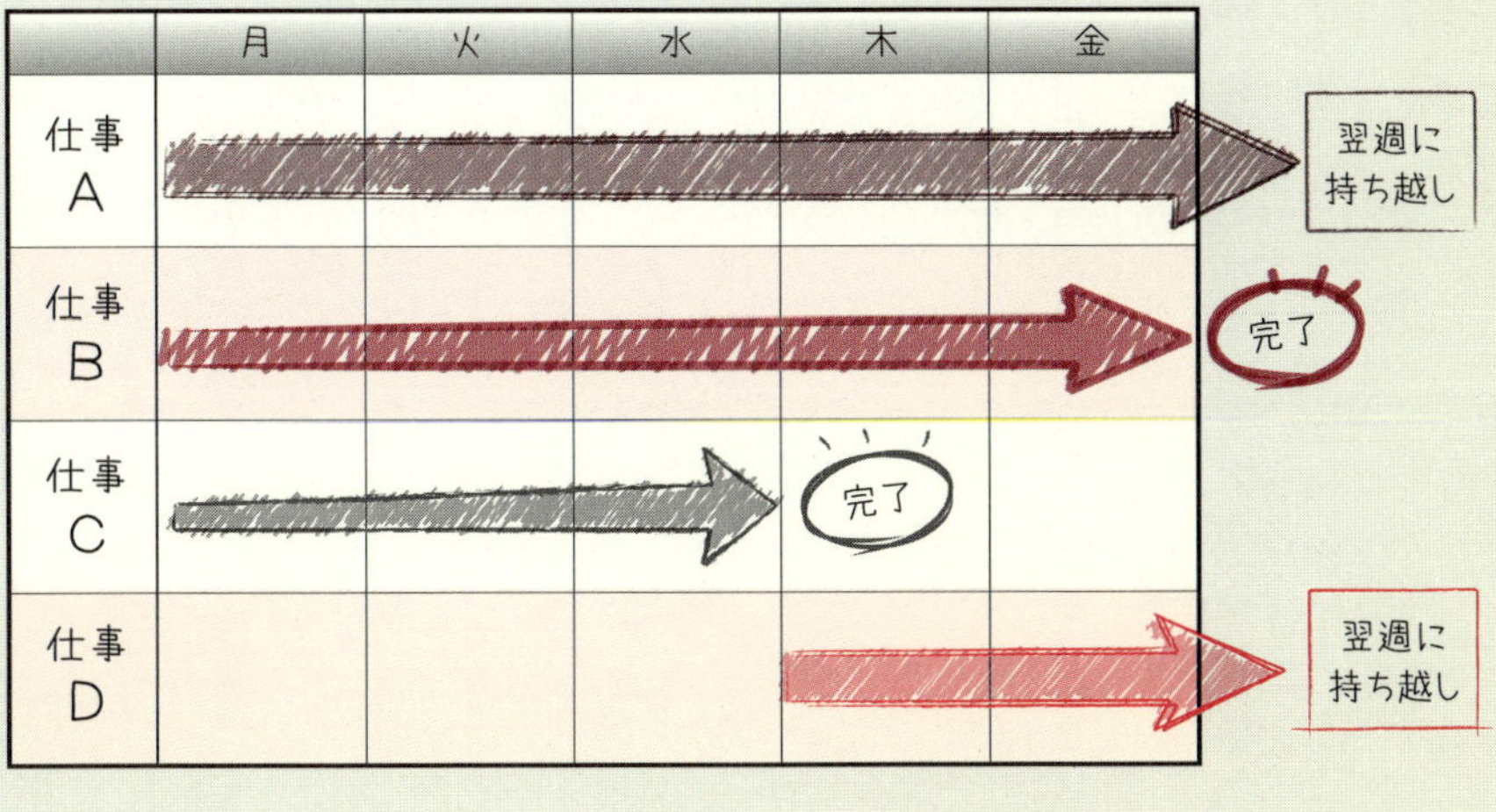

16

決まり切った仕事はシステム化する

――時間も読めて、間違いも少なくなる

毎日、同じことをするのであれば、流れをつくってしまったほうが、時間短縮になり、うっかりミスもありません。

たとえば、仕事ではないけれど、朝起きてから仕事に行くまでの流れは……。

体操↓朝食の準備↓新聞を読みながら朝食↓植物に水↓簡単な掃除↓歯磨き・洗顔↓メイク↓出勤……というように流れができていると、一連の動きにかかる時間もわかり、無駄もありません。毎日、同じ動きをしていると、「次はなにをやればいいかな」と考えなくても、無意識のうちに動いているはずです。

ところが、順序を変えてしまった場合、「あれ？今日は植物に水をやるのを忘れた」となったり、なぜか時間がかかったりしてしまいます。

このように、仕事でも、繰り返される作業は、システム化してしまうことです。

時間も想定でき、間違いも少なくなります。また、いちいち考えなくて仕事ができる分、本当に考えるべき仕事に集中できます。

ベストな流れをつくることです。

いちばん非効率なのは、その日によって仕事の流れが変わってしまうこと。システムを変えると、誤作動を起こしやすいのです。

ただし、システム化には注意が必要です。なにも考えずに毎日繰り返すだけだと、感覚が麻痺した状態に陥り、無駄があること、問題があることに気づかないことも。時々、システムの見直しをすることが大事です。

◇仕事ができて、強運になる習慣◇

112 決まり切ったことは、チェック項目をつくる

●効率的でミスを少なくするために。

出勤する前に、ガスと電気、戸締りの3点をチェックするように、仕事でも「毎日するべきこと」「退社時にすること」「週末にするべきこと」「営業に持参する資料一式」など、決まって繰り返されることは、チェックリストを作りましょう。すぐに見られる場所に置いておき、最後に確認する習慣をつければ、漏れる心配はありません。

113 メールやＦａｘ、ビジネス文書はひな型を作っておく

●繰り返されることは、すべて基本ベースを作る。

メールで「署名」を作っておくのはもちろん、「問い合わせへの返答」「見積り書」「お礼」「案内状」など、何度も繰り返されるメール、Ｆａｘ、ビジネス文書は、ひな型として保存しておくと効率的。使っているうちに、改善点も見つかり、よりいいものになっていきます。「折り返し電話してください、○時ごろ再電予定」など選択項目が書かれたオリジナルな伝言メモを作ったり、「Ｆａｘ送付状」「書類送付状」もまとめて作成しておくと便利です。

114 ときどきする仕事は、マニュアルを作る

●「思いだす」時間と手間を省く。

何度かやっている仕事でも、時間をおくと「あれ、どうやるんだっけ？」とやり方や順番を忘れていることが多々あります。思いだそうと努力したり、人に聞いたりする時間と手間がもったいない。マニュアル作りは、一時的に時間がかかりますが、長い目でみると、仕事がスムーズに運び、時間短縮につながります。マニュアルを作ることで、自分以外の人ができるようになるというメリットもあります。

17

1日を充実させる！　朝型生活のススメ

——朝1時間早く起きることで、1日の流れがよくなる

人間の体は本来、朝日とともに起き、日が沈むと眠る……という、朝型生活にプログラミングされています。特に早朝は、やる気の源といわれるアドレナリンの分泌がもっとも多い時間。早朝活動したことは、大きな成果が生まれます。

早朝、1時間、資格試験や英会話の勉強をする、出勤前にスポーツジムで汗を流す、カフェでゆったりコーヒーを飲みながら30分、「ひとりミーティング」をする……などなど、自分なりの方法で、朝時間を楽しむといいでしょう。

また、30分～1時間でも早く、出勤することをおススメします。

その理由として、

●通勤のラッシュを避けられる

●集中力があるため、仕事がはかどる（朝の1時間は、夜の3時間に匹敵！）

●電話などの邪魔が入らない空間で、仕事に集中できる（残業したくない人は、早朝出勤もひとつの手）

●周囲にやる気をアピールできる

●心の余裕が生まれる

が挙げられます。朝1時間早く起きることで、1日の流れがよくなり、仕事もプライベートも充実してきます。ぜひお試しを。

早く起きるために、早く寝ようとすると挫折してしまいます。まず、30分でも1時間でも少しの早起きからスタートして。すると、早い時間に眠くなり、翌朝、早く目覚めます。これを1週間も続けていると、すっかり朝型生活に切り替わるはずです。

◇仕事ができて、強運になる習慣◇

115 朝起きたら、まずは太陽の光を浴びる

●気持ちよく目覚めて活動開始！

朝起きて、最初にすることは、カーテンを開けて、太陽の光を入れること。ホルモンや体温に影響を与える体内時計は、太陽の光によって調整されているのです。朝、太陽の光を浴びることによって、メラトニンという睡眠ホルモンの分泌が止まり、体内時計がリセットされ、活動モードになっていきます。

116 朝ご飯はしっかり食べる

●脳を活性化させ、エネルギーを充電するために。

朝食を食べることで脳が刺激されるため、目覚めもよくなります。体や脳のエネルギー源となるご飯やパンなどのブドウ糖をしっかり摂りましょう。「朝のフルーツは金」というように、フルーツは、朝にぴったりの栄養素を多く含んでいます。フルーツの果糖は、即効性のあるエネルギー。ビタミン、ミネラルは、ブドウ糖の吸収・燃焼を促進する働き。食物繊維は便秘解消にも効果大です。

117 朝の「5～30分」を毎日続ける

●重なると、膨大な時間！

早朝の時間は、集中力があり、短時間でも大きな効果を発揮します。せっかくの朝時間、なにかのアクションを繰り返しましょう。たとえば、英単語を5つ覚える、ストレッチをする、ブログを書く、専門書を読むなどなど。1日10分でも1週間で70分、1カ月で5時間、1年で60時間にもなります。「続けていること」への自信にもなるので、ぜひ習慣化して。

18

集中できる1時間をつくろう
――邪魔の入らない時間と空間を確保する

企画書や報告書作成など、脳を使う仕事をするとき「よーし、集中して仕事をするぞ！」と思っても、上司に呼ばれて、新しい仕事が舞い込んだり、同僚から話しかけられたり、電話が次々に入ってきたり、来客があったり。なにかと邪魔が入るものです。

そのたびに対応して、また仕事に戻る……ということを繰り返していると、なかなか大事な仕事が終わりません。集中して取りかかっている仕事をブチッ、ブチッと中断して、また元に戻るというのは、時間や労力のロスがあり、大変疲れるものです。

そこで大事なのは、邪魔の入らない時間と空間を確保すること。

これは、会社で仕事をしている人にとっては、なかなか容易なことではありません。

工夫が必要です。

たとえば、「これから1時間、集中させてください！」と宣言する。会議室や近くのカフェなどでやる。電話がかかってこないよう先手を打って電話をしておく、などなど。

かかってくる電話をとらなければいけない環境なら、同僚に、

「いまから1時間集中したいから電話、お願いね。それから後1時間は、私がとるわ」

などと協定を結んでおけば、お互いに「Ｗｉｎ・Ｗｉｎ」の関係で、仕事ができます。

同じ仕事を続けていると、だんだん集中力も途切れてきます。そんなときは、170ページの「集中できる工夫」を参考に、自分なりの方法を見つけて。

◇空いた5分間を有効活用しよう◇

待ち合わせに15分早めに着いてしまった、次の会議が始まるまで10分ある、昼休み10分前に仕事が一段落した……などなど、「突然、5〜15分時間が空いた」ということは多いでしょう。

そんなときに、「5分間でできること」を手帳にリストアップしておくと便利。時間が空いても「そうだ！ コレをやろう」と、時間を有効に使えます。

たとえば、私がざっと考えつくのは、以下の通り。

- メールチェック＆返信
- スケジュールの確認
- メルマガを読む
- 本を読む
- スクワット50回＆ストレッチ
- 目、肩、首のマッサージ
- 目標を見直す
- しばらく連絡をとってない人にメール
- 英単語を5つ覚える
- デスク回りの整理整頓
- ブログの更新、
  またはブログのネタを考える
- お礼はがきを書く
- ただボーッと休憩する、瞑想

5 minutes
＝
300 seconds

「5分」は短いようで、やれることはたくさんあるもの。5分が積み重なると、いつの間にか大きな成果になっています。

ちょっとしたすき間時間も大切に使いましょう。

集中できる自分と環境をつくるための10の作戦

mission 1 メールと電話をシャットアウトする

■メールチェック・返信、電話連絡は1日3回に限定。集中する時間は、なるべく電話をとらなくてもいいように工夫して。電話がかかってこなくて、だれもいない早朝に、集中時間をつくるのもおススメ。

mission 2 小刻みの目標に対して時間的なプレッシャーを与える

■脳は適度なプレッシャーを与えることで、集中力を発揮するといいます。「ここまで30分」「ここまで15分」……というように、小刻みの目標に時間を決めて取りかかると集中しやすくなります。携帯などでタイマーをセットしておくのもあり。

mission 3 午前中と午後3時以降に集中時間を設ける

■午前中は集中力が高まる時間。昼食後は眠くなり、15時以降は仕事が乗ってくる時間。集中できるコンデションのときにやってしまうのも一つの方法。

mission 4 90分程度仕事したら10分休憩

■90分が仕事に集中できる最大の時間。10分ほどの休憩を入れていくのが、効率的。キリのいいところで休み、リフレッシュして取り組んで。90分集中するのが難しい場合は、まずは30分など短い時間から集中するトレーニングをして、45分、60分……と延ばしていきましょう。

mission 5 空腹・満腹時をさける

■空腹のときは気が散ったり力が入らなかったり、満腹のときは眠くなったり。空腹、満腹をあまり感じない状態が集中力がわきやすくなります。食事は腹八分目で。

mission 6

集中するためのウォーミングアップをする

■いきなり、集中しようとしても、なかなか集中モードになれないもの。好きな仕事、得意な仕事など、簡単に集中できる作業をして弾みをつけるといいでしょう。

mission 7

デスク回りを整理する

■机の上が雑然としている状態では、気が散ってしまいます。物を探すのに時間がかかるとイライラします。仕事に集中するためにも、きれいな状態をキープして。

mission 8

同じ仕事、単調な仕事を続けない

■同じことを繰り返していると、集中力は鈍ります。集中力が途切れたり、煮詰まってきたら、休憩を入れる、作業を変えるなどして、リフレッシュする工夫を。

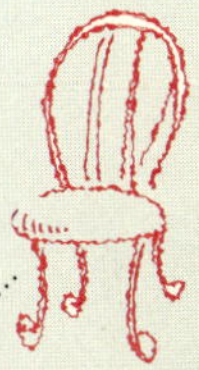

mission 9

自分なりの集中できる場所をもつ

■通勤電車のなか、喫茶店、図書館、会議室など、「ここでは集中できる!」という場所をひとつ持つといいでしょう。環境が変われば、気分も変わって集中力アップ。

mission 10

睡眠はたっぷりとる

■睡眠不足の状態だと、集中力はダウンしてしまいます。集中力を発揮するために、睡眠だけでなく、健康管理には十分、気をつけて。

19

「すぐやる？」「まとめてやる？」
——効率的な仕事のまとめ方

仕事は「すぐやる」が基本ですが、1日のなかに、同じ作業があるなら、まとめてやったほうが時間短縮になります。たとえば、コピーは1回で複数の書類をまとめてとる、上司への報告はバラバラにするのではなく1日1回定期的にする、外出の用事は、いくつかまとめて済ますなどなど。

また、移動距離、動線を短くするのも、時間圧縮のポイント。面談の場所は近いところに設定したり、買い物は一カ所で済む大型店を利用したり。価格差も比較検討する必要がありますが、それほど変わらないなら、時間のほうが、ずっと重要です。時間を短縮した分、もっと大事な仕事に、時間を回せるのですから。

社内でも、移動する用事は、できるだけまとめて済ませるといいでしょう。仕事を分解して、似た作業、一緒にできる作業は、一気にまとめて片づけるのも有効です。

ただし、「日付を越えてまとめる（3日分、1週間分など）」のは、逆効果。たとえば、新聞を読むのは短時間で済みますが、1週間分まとめて読もうと思ったら、まとまった時間が必要になり、集中力も欠けてきます。同じように、営業日報や、メール処理を、数日分まとめてやろうとすると、大変な思いをします。掃除も、ひどい状態になってからすると、苦労します。細かい作業はまとめたほうが効率的に感じられますが、一定量を超えると、余計、時間がかかるのです。

毎日の作業は、翌日に持ち越さないのが基本。臨機応変に、「すぐやる」「まとめる」で、作業を片付けていきましょう。

◇仕事ができて、強運になる習慣◇

118 その日の仕事は、その日のうちに片づける

●毎日コツコツ少しずつ……。

毎日するデイリーワークは、毎日時間を決めて、やっつけちゃいましょう。さぼっちゃダメです。翌日に持ち越すと、思いだすのがタイヘン。倍の時間と労力がかかります。翌日に持ち越せる仕事は、翌日に回して、まずはデイリーワークを優先しましょう。

119 人と会う日はアポイントを集中させる

●移動時間、洋服、持ち物選び、メイクなど考慮。

移動時間を短縮することはもちろんですが、アポを集中させるのは、洋服、持ち物選び、メイクなど、なにかと効率的。数日に渡りバラバラに、アポを入れると、毎日、人と会う用意が必要です。動線が最短になるように、場所と時間を設定し、移動のルート、移動時間などは、調べておきましょう。

120 外出のついでに、いろいろな用事を済ませる

●銀行、郵便局、買い物……

アポイントなどで外出したら、そのまま帰社するのは、もったいない。ついでに、あれこれ用事を済ませてしまいましょう。自分の用事も、ATMでお金を引き出したり、支払いを済ませたりすることぐらいは許されるはず（ただし、時間がかかるようならNG）。メモ帳、ポストイットなどに、次回外出したときにする「To Do」「買い物リスト」などをつくっておくと、漏れがなく効率的。

121 1週間に1～2回、リセット時間をつくる

●それでも仕事がたまってきたら……。

「仕事がたまっている」という事態に陥ってしまった場合は、進行中の仕事をストップして、追いついていない仕事を一気に片付ける時間をつくりましょう。「ちょっと遅れてきたかな」というときに、早め早めに手を打つことが肝心です。遅れがちな仕事を一掃した後、安心して他の仕事に取り組んで。

20

チームの協力体制をつくろう
——自分から先に、人のためにできることをやる

自分の仕事を片付けるのは大切なことですが、「自分のことさえやっていればいい」という個人主義に走ってしまうと、だれも助けてくれなくなります。

これでは、精神的に辛いし、仕事も難航します。

仕事は、自分一人ではできないのです。

いつか自分でできない仕事を、サポートしてもらったり、お願いしたりする場面は、必ず出てきます。

そのために、自分から先に、人のためにできることを提供することです。

「ついでなのでやっておくわ」「大丈夫？　手伝いましょうか」というように、見返りを期待しないで、親切の貯金をしておくと、そのうち、相手からの親切が、利子がついて返ってきます。周りに助けられるので、結果的に、仕事はうまくはかどるようになります。

「自分の仕事」「人の仕事」ときっちり分けるのではなく、それぞれの役割を全うしながらも、「チーム全体でひとつの仕事をする」と考えることです。

そうすれば、気持ちの上でも、とてもラク。仕事でうまくいかないことがあっても、自分一人で抱えることはありません。

困ったときは、お互いさま。

頼ったり頼られたりするうちに、信頼関係もできていきます。

見返りを期待しない親切貯金、増やしていきましょう。

◇仕事ができて、強運になる習慣◇

122 チームのメンバーの仕事を「見える化」する

●お互いの仕事の状況がわかるように。

メンバーのスケジュールを書き込むホワイトボードや、パソコン上で、「いま、なにをやっているか」をわかるようにしておくと、「いま忙しそうだな」「○○さんが外出するなら、ポスト投函を頼もう」と、関わり方が見えてきます。特に上司は、ホウレンソウなど、関わりが大きいので、スケジュールを「見える化」してもらうとベター。

123 人の仕事をついでにやる

●自分と人の仕事をまとめる。

自分がやっている仕事で、人の分もついでにまとめられそうな場合は、「一緒にやりましょうか?」と提案して。同じように、相手もやってくれるようになり、効率化が図れます。「買い物に行きますが、なにか買ってくるものはありませんか」などと声をかけて外出するのも◎。

124 人が困っているときは「お互いさま」と助ける

●「お互いさま」の助け合いで、チームワークはがっちり!

人が困っているときは、積極的にサポートしましょう。自分に緊急の仕事がなければ、仕事をストップしてでも、相手を助けることが必要です。いつ、自分の身になにかが起きて、反対の立場になるかもわからないのです。困ったときは「お互いさま」という気持ちで、対処していきましょう。

125 仕事がうまくいったら、まわりの人に「おかげさまで」と感謝する

●感謝の気持ちは円満のヒケツ。

仕事がうまくいったり、いい成果が上げられたりしたときは、「おかげさまでうまくいきました。ありがとうございます」と周りに感謝することを忘れないで。人より早く帰るときも、この言葉があると、嫉妬を撃退できます。人が嫌がる仕事を積極的にしたり、朝早く来たりすることでも一目置かれ、「あなたならいいわ」と許される存在に。「おかげさまで」は、人間関係の潤滑剤です。

おかげさまで! ありがとね!
いや〜 ワタシは なにも〜

◆著者略歴

有川真由美（ありかわ・まゆみ）

鹿児島県姶良町出身。熊本県立熊本女子大学卒。化粧品会社OL、塾講師、科学館コンパニオン、ユニクロ店長、着物着付け講師、ブライダルコーディネーター、南日本新聞社編集者などを経て、現在は作家、写真家。多くの転職経験、マナー講習指導、新人教育の経験から、女性の心地いい働き方、生き方を探求している。

約30カ国を旅し、女性や子どもの問題、貧困、先住民族など、旅エッセイやドキュメンタリーを執筆。

著書に『あたりまえだけどなかなかわからない 働く女《ひと》のルール』『働く女《ひと》！38才までにしておくべきこと』（以上、明日香出版社）等がある。

装幀：渡邊民人（TYPE FACE）
本文デザイン／イラスト：齋藤 稔

仕事ができて、なぜか運もいい人の習慣

2009年10月30日 第1版第1刷発行

著 者 有川真由美
発行者 江口 克彦
発行所 ＰＨＰ研究所
東京本部 〒102-8331 千代田区一番町21番地
生活文化出版部 ☎03-3239-6227（編集）
普及一部 ☎03-3239-6233（販売）
京都本部 〒601-8411 京都市南区西九条北ノ内町11
PHP INTERFACE http://www.php.co.jp/

印刷所 大日本印刷株式会社
製本所 東京美術紙工協業組合

©Mayumi Arikawa 2009 Printed in Japan
落丁・乱丁本の場合は弊社制作管理部（☎03-3239-6226）へご連絡下さい。
送料弊社負担にてお取り替えいたします。
ISBN978-4-569-77240-0